U0636214

教育部"中小学传统文化教育实践研究"课题实验读本

中华诵·经典义理教程

国学经典教程

陈杰思　毛　勇　编著

中华书局

图书在版编目(CIP)数据

智／陈杰思,毛勇编著.—北京:中华书局,2012.1
(2014.7 重印)
(中华诵·经典义理教程)
ISBN 978 – 7 – 101 – 08021 – 6

Ⅰ.智… Ⅱ.①陈…②毛… Ⅲ.品德教育 – 中国 –
通俗读物 Ⅳ.D648 – 49

中国版本图书馆 CIP 数据核字(2011)第 103605 号

书　名	智	
编 著 者	陈杰思　毛　勇	
丛 书 名	中华诵·经典义理教程	
责任编辑	祝安顺	
出版发行	中华书局	
	(北京市丰台区太平桥西里 38 号 100073)	
	http://www.zhbc.com.cn	
	E-mail:zhbc@zhbc.com.cn	
印　　刷	北京天来印务有限公司	
版　　次	2012 年 1 月北京第 1 版	
	2014 年 7 月北京第 4 次印刷	
规　　格	开本 /787 × 1092 毫米　1/16	
	印张 9½　插页 2　字数 160 千字	
印　　数	13001–15000 册	
国际书号	ISBN 978 – 7 – 101– 08021 – 6	
定　　价	19.50 元	

自序：学经典义理 传中华精神

中华民族的伟大复兴与中华文化的复兴紧密相关。中共十六大提出将民族精神"纳入国民教育全过程"，十七大提出"弘扬中华文化，建设中华民族共有精神家园"，十七届六中全会提出"弘扬中华文化，努力建设社会主义文化强国"。要将以上指示精神落到实处，最重要的措施，就是要将国学经典纳入国民教育之中。

中华传统文化博大精深，在教育中缺乏而又最迫切需要进入学校的，就是义理之学。义理之学承载了中华民族的民族精神、人文精神以及道德观、价值观、人生观，是中华传统文化的灵魂。本教程首次为将义理之学纳入教育进行了全面的探索。

本教程具有以下六项价值：

一、培养道德品质：中华传统文化中有最完善的道德理论与践行事例，是当代中国人培养道德品质的主要资源。

二、汲取圣贤智慧：经典语句凝聚数千年以来中国圣贤的智慧，汲取圣贤智慧，才能提高自己的智慧。

三、提高人文素质：通过对中华义理经典的学习，提高文化素养，培育人文精神，实现真正的素质教育。

四、铸造健康人格：中华传统文化包含着丰富的精神营养，健康人格的成长与健康心理的养成，需要吸取中华文化中这些健康、积极的精神营养。

五、建立主导价值：在多元文化的社会中，须要通过国学经典来确立正确的价值观，以避免价值观的混乱与扭曲而导致行为失范。

六、提高汉语水平：背诵并理解大量的经典语句，记住每个字的音、形、义，有了古代汉语的基础，才能真正掌握现代汉语。

本教程具有以下四项特点：

一、主题鲜明，结构合理：整套教材以仁、义、礼、智、信、忠、孝、廉、毅、和十大义理为主题，每册教材分别以其中的一个主题为名，共十册。每个学期使用一册，使师生围绕着同一义理主题展开深入、系统的学习、思考与践行，理清思考的线索，可以避免重复，大大提高学习效率。

二、学思并重，知行合一：本教程将经典语句同大量的生命实践事例相结合，将经典文献与现实生活相结合，将思想观念的变化与行为习惯的养成相结合。通过对现实生存环境的分析与反思，通过对日常行为的指导与矫正，引导学习者将所学的思想，通过践行体现出来，达到"知行合一"的要求。

三、回溯源头，融贯古今：只要人类存在，就有共同的人性和道德观念存在。这些共同的道德观念存在于古代，但现代社会中仍然需要。当然，具体的道德行为标准会随着时代的变化而调整。我们不能把中华民族先民的智慧，当作与自己不相关的客观知识。所以，这套教材引导学习者回到源头，汲取数千年来中华民族创造的集体智慧，并同当代的现实生活相结合，同读者的思想观念与行为相结合，真正做到"古为今用"。

四、弘扬精华，与时俱进：中国文化具有动态性、开放性与包容性。所以，这套教材将历代文献中至今仍然具有生命力的经典语句集中起来，让大

家认真诵读、理解、体悟、践行，文化的精华就会在人们的思想中得以强化，不拘泥于一时一派之说，从而激荡出时代的心声。

只有通过经典义理教育，提高道德素质和人文素质，建立正确的价值观和人生观，才能形成民族认同和文化认同，构建中华民族共有的精神家园，改良社会风气，促进社会和谐，实现科学发展。

（本书部分文章因选编时无法确知作者及联系方式，特此致歉，希望作者及时与编者联系，以便支付稿酬。联系人：陈杰思　E—mail：cjs18@126.com）

陈杰思

教材使用说明

近年来，国学越来越受到人们的重视。教学需求催生了大批介绍、解读国学的教材。清代学者认为学术分为义理之学、考据之学、词章之学三类。为传承国学经典中的"义理之学"，针对中小学教材中"义理教材"缺失的现象，编者参照国家基础教育课程标准，精选近千句经典义理名句，汇聚三百篇古今中外故事，杂以当今社会案例分析，辅以课前阅读预习、课后反省心得、课外集体活动，编成《中华诵·经典义理教程》十册。本教材首次探索以主题教育的形式将中华义理之学纳入现代教学领域，不妥之处在所难免，请广大师生在教学实践中检验、总结其优劣得失，再行修订。

本套教材主要供中小学师生作为国学教材来使用，古文全文注音，便于诵读；故事遍及古今中外，丰富多彩，增长知识，活跃思维；课后的【记言述行】，让家长、老师共同帮助学生学习、践行、反思。青少年则可以将其作为国学义理的读本，【理论指导】，剖析精义；【思考讨论】，深化辨析；【活动天地】，知行合一。各年级教师可以根据学生的年龄特征及认知水平，把握讲解的难度、深度，调整学习方式。建议在中小学，每周2课时左右，每一册可用一学期。十个分册不分顺序，学校可根据需要自行安排。同一套教材，可以在学校的各年级中循环使用。同时，本教材也可作为幼儿国学启蒙教材和大学生、企业员工、公务员及社会各界人士的国学培训教材。

关于《中华诵·经典义理教程》的教材体例，说明如下：

【引言】是对这一分册主题内涵及每课主要内容的精炼概括及引述，

便于读者把握全书框架。

【经典选诵】内容选择紧紧围绕本课主题内涵，汇聚历代文献中有代表性的经典语句，按该主题应有的逻辑结构，在相应的主旨下有序地编排起来，对主题义理内涵进行阐释、展开或补充。这是每课的重点部分，配以拼音、译文、注释，要求学生朗读、背诵。

【延伸阅读】根据每课主题内涵，通过讲述古今中外人物的事迹，对主题进行阐释。学生通过阅读文章，感知、理解经典义理的涵义，进而更加深入地理解主题。

【理论指导】主要从理论方面切入，深度阐述本课主题，联系生活实际，与经典彼此印证，并针对现实存在的问题，提出对其行为有明确指导意义的建议。

【热身阅读】主要是与该课主题内容相关的古今中外人物故事、现象，是课前必须学习的内容，并针对文章提出相应的问题，引出课文主体【经典选诵】；也可以作为结合实际、思辨导行的材料，让学生进一步品味经典，感悟经典。

【思考讨论】依据每课经典主题，面对各种社会现象，设计出一系列的思考题目。这是每课的次主体，是课堂上供教师选择处理的问题部分，作为本课的思想拓展、延伸、辨析。

【记言述行】让学生针对本课内容写出学习理解及践行的心得体会，并对自己的践行情况做出自我总结，家长和老师可根据学生的自我评价及其对经典的践行情况做出鼓励性、建议性的评语，让经典语句内化成学生的素质，以促进学生进一步学以致用。

【活动天地】教师可根据教学实际情况选用这一版块或自行设计活动。

通过活动让学生能够学以致用,在生活中加深对经典义理的感悟,在行动中植入民族义理根本,让优秀传统文化精髓内化于心、外显于行。这部分内容可以激发学生学习的兴趣和动力,活跃思维,增长见闻,提升教与学的效果。

【总结】利用三字一句的韵文对这一分册各课内容进行全面总结,并配以译文诠释大意。同时,以书法字帖的形式展现,以供学生临摹。这部分内容朗朗上口,便于记忆,要求学生熟练背诵。

其中,【经典选诵】【延伸阅读】【理论指导】是每课的正文,教师必须在课堂上给学生讲解清楚,【热身阅读】【思考讨论】【记言述行】【活动天地】属于辅文,教师可以灵活选择是否在课堂上讲解。

本教程在使用中遵循经典教育八项原则:一曰诚敬,培养对历代圣贤的恭敬之心,并以此来面对经典,虚心接受经典的教导。二曰理解,掌握经典语句的现代意义,随着人生阅历的增加而不断加深理解。三曰体悟,用自己的心灵去体会经典语句的精神内涵。四曰集萃,按照逻辑编排中华经典文句,使之有纲有目,有线索和要点,以方便学习、理解、体悟与运用。五曰诵记,通过对经典的反复诵读,持之以恒,熟读成诵,使经典语句入脑入心。六曰涵养,在天然良知的基础上,将大量的经典语句融会贯通,在实践中得以不断强化,并通过涵养而形成品性。七曰信仰,以诚心、虚心体悟经典语句,促进自我内在善性的充分体现,接受经典语句所饱含的生命精神的滋养,培育内心信念。八曰力行,遵循经典提供的人生教导,将经典所承载的人伦大道运用于实际生活中,达到"知行合一"的境界。

陈杰思　毛　勇

目 录

目 录

引　言

　　智，金文写作"𣉻"，由知、于、甘三部分组成。"知"是知道，"于"表示曲折迂回，"甘"是甜美的意思。综合起来，就是知晓了复杂的事物或道理，心中感到甜美。当人们为认识对象所困扰的时候，百思不得其解，心乱如麻，思路不畅；一旦难题破解，有如光亮照人，心中豁然开朗。

　　这也就是孔子所说的"智者不惑"。不困惑，或者说明智，这就是智的基本意义。智突出的是明，正如曾国藩所说"智即明也"。

　　"智"包括重视教育的精神、重视文化的精神、理性精神、科学精神、求实精神、批判精神、反思精神、与时俱进的精神等。虽然从先秦以来，就有"格物致知"的传统，重视学习、分析以求认识事物本质。但在数千年的历史中，仍不断出现迷信与盲从的现象。新文化运动时期倡导"科学精神"，改革开放时代倡导"实事求是"、"解放思想"，就是要回到"智"的正道上来。要坚持"仁智统一"，否则"智"便会流于狡诈。倡导"智"的精神，可以养成中华民族重视文化、崇尚科学、尊师重道、求真务实的民族品格。

采药图

此图绘神农山中采药满载而归的情景。神农头梳高髻，长脸高鼻；肩披兽皮，腰围叶裳，右手擎紫芝，左手携药锄，背负药篓。

第一课 求实精神

天有常道矣，地有常数矣，君子有常体矣。君子道其常，而小人计其功。

——《荀子·天论》

经典选诵

义理七则

主旨1：真理是与客观实在相符合的认知成果

1.1 言必有三表。何谓三表？子墨子言曰：有本之者，有原之者，有用之者。于何本之？上本之于古者圣王之事。于何原之？下原察百姓耳目之实。于何用之？发以为刑政，观其中国家百姓人民之利。①（《墨子·非命上》）

---

①言论必须有三个方面的验证。哪三个方面呢？墨子说：有考察它的来源，有考察它的本原，有用之于实践。从何处考察它的来源？它来源于古代圣王的事迹。从何处考察它的本原？向下考察百姓耳闻目睹的事实。在什么地方用它？把它用在刑罚政务上，从中观察国家百姓的利益（是否实现）。

1.2　tiān bù wèi rén zhī wù hán yě，chuò dōng；
天不为人之恶寒也，辍冬；
dì bù wèi rén zhī wù liáo yuǎn yě，chuò guǎng；jūn zǐ
地不为人之恶辽远也，辍广；君子
bù wèi xiǎo rén zhī xiōng xiōng yě，chuò xíng。tiān yǒu cháng
不为小人之匈匈也，辍行。天有常
dào yǐ，dì yǒu cháng shù yǐ，jūn zǐ yǒu cháng tǐ
道矣，地有常数矣，君子有常体
yǐ。jūn zǐ dào qí cháng，ér xiǎo rén jì qí gōng。①
矣。君子道其常，而小人计其功。①

（《荀子·天论》）

主旨2：理论必须由事实加以验证

2.1　tīng yán zhī dào，bì yǐ qí shì guān zhī，
听言之道，必以其事观之，
zé yán zhě mò gǎn wàng yán
则言者莫敢妄言。②（[汉]贾谊《陈政事疏》）

2.2　shì mò míng yú yǒu xiào，lùn mò dìng yú yǒu
事莫明于有效，论莫定于有

---

①天不因为人们厌恶寒冷，就废弃冬天；大地不因为人们厌恶辽远，就缩小它的宽广；君子不因为小人的吵吵闹闹，就放弃自己的德行。天有它固定的规律，地有它固定的法则，君子有他固定的行为规范。君子奉行常道，小人却计较功利得失。
②听取别人言论的方法，一定要用所谈论到的事情作验证，那么谈论它的人就不敢乱说了。

zhèng
证 。① （[汉] 王充《论衡·薄葬》）

néng bì fù qí suǒ
2.3 能 必 副 其 所 。② （[清] 王夫之《尚书引义·召诰无

逸》）

主旨3：名与实相统一

míng zhě suǒ yǐ míng shí yě   shí lì ér míng
3.1 名 者 所 以 名 实 也 ， 实 立 而 名

cóng zhī   fēi míng lì ér shí cóng zhī yě
从 之 ， 非 名 立 而 实 从 之 也 。③ （[汉] 徐幹《中

论·考伪》）

fēi tiān suǒ yǒu   míng yīn rén lì   míng fēi
3.2 非 天 所 有 ， 名 因 人 立 。 名 非

tiān zào   bì cóng qí shí
天 造 ， 必 从 其 实 。④ （[清] 王夫之《船山思问录·外篇》）

---

①事情没有比有效验更明确的了，言论没有比有证据更确实的了。
②主体的认识必须符合客观对象。
③名称是用来命名事物的，事物确立了，名称就随之产生了；不是名称确立了之后事物才跟着出现。
④名称不是天生具有的，是为人而建立的。名称并不是天生的，必须依据事实。

延伸阅读

阅读下面的文章，回答问题：

董狐直笔

　　春秋时期，晋国有一个非常正直的大臣叫赵盾，他官居正卿，每当他看到君主晋灵公的所作所为有不当之处，就会直言不讳地劝谏。晋灵公心里很窝火，就偷偷地派人去刺杀赵盾。结果赵盾幸免于难，逃亡在外，赵盾的族弟赵穿打猎回来，知道了这件事，起兵造反，杀了晋灵公。于是，赵盾便立晋文公的小儿子为国君。

　　晋国的史官董狐把"赵盾弑其君"记载在史书上。赵盾听说了，很不服气，质问董狐："你为什么说是我弑君？"董狐大义凛然地说："你是主持国政的正卿，曾经逃跑而没有走出国境，回来后又不惩办凶手，这跟你弑君有什么区别？"赵盾无可奈何，只好叹了口气，听之任之了。

　　孔子认为董狐不畏权势，坚持直笔实录，堪称"良史"；而赵盾能不干涉史官记录史实，也是"良大夫"。

　　有人说董狐直笔是冤枉赵盾，你怎样认为？董狐说他弑君的依据是什么？孔子为什么赞扬董狐？

"求实精神"解析

孔子是个求实的人。他厌恶谈论"怪、力、乱、神",而把关注的目光投向现实生活,积极参与政治改革和教育实践,执着进取,明知不可为而为之——这就是求实。汉代王符的《潜夫论》中说:"大人不华,君子务实。"配称大人、君子的人,必然视浮华为大敌,而将"实"作为终生追求。王守仁在《传习录》中提出名与实相对,"务实之心重一分,则务名之心轻一分"。我国古代有很多思想家、政治家、文学家、科学家,他们排斥虚妄,拒绝空想,崇尚践行,用不同方式阐明了"求实"的含义。

汉代班固编纂的《汉书》里就有"实事求是"之语。"实事"指的是客观实际存在着的事物,"求"是去探求、去发现,"是"指的是客观事物的规律、特性。现在,中国总结历史的经验教训,确立了"解放思想、实事求是、与时俱进"的思想路线,提出"大力弘扬求真务实精神,大兴求真务实之风"。

求实精神的对立面,就是"假、大、空"。一个具有求实精神的人,绝对不会说假话、大话、空话。作为一种精神,求实就是要固守人生信条,尊重科学,尊重真理,为实现既定目标而坚定不移。拥有求实精神的人,无论做什么事,都力求成功,最后也必然走向成功。

热身阅读

阅读下面的文章，回答问题：

神农尝百草

在很久以前的远古时期，人们生了病，不像现在一样，可以去医院找医生问诊，有时要长期忍受病痛，如果不能自愈，就一直要挨到死亡为止。神农想要拯救病人，于是，他搜肠刮肚想了很多办法，比如采取对病人水浇、火烤、日晒、冷冻等方法。如果幸运的话，病人的病情可能会有所好转，但效果总是不尽如人意，这让慈爱的神农苦恼不已。在不断探索如何治病救人的过程中，他发现有一些植物可以治愈疾病。于是，他就遍尝百草，想从大自然中找到治病的方法。

走过了山川大地的各个角落，受尽了风霜雨雪的种种侵袭，尝遍了千奇百怪的花草树木，神农发现不同的草木有辛、甘、酸、苦、咸以及寒、热、温、凉等不同性味，苦味的性寒凉，辣味的性燥热，甜味的可以补身，酸味的可以开胃……经过千百次的思索和尝试，神农终于发明了草药疗疾的方法。于是，他教百姓根据自己的病状食用不同的草药。

为了尝百草，神农历尽艰险，他不仅跋山涉水寻找草木，而且还经常冒着尝百草带来的生命危险。传说神农曾在一天之中中毒70次，痛苦万分，可他依然凭着自己顽强的毅力挺了过来。后来神农因为劳累病死了，还有的人说他是在尝百草时中毒而死的。后人为了纪念神农，把他尊为"药王"，中国第一部药物学专著《神农本草经》，就是用他的名字命名的。

你觉得神农有什么优秀品质值得我们学习？

思考讨论

1.我国著名水稻育种专家袁隆平院士被誉为"杂交水稻之父"。请你查阅相关资料,说明袁隆平的巨大成就是如何取得的。

2.阅读材料,回答问题:

因存在严重的学术不端行为,2005年国家科学技术进步奖二等奖获奖项目"涡旋压缩机设计制造关键技术研究及系列产品开发",被中华人民共和国科学技术部公开撤销其获奖奖项。科技部在通告中称,经调查核实,该获奖项目的推荐材料中存在代表著作严重抄袭和经济效益数据不实等问题。

(根据《北京日报》新闻整理)

什么是学术造假?你认为学术造假有哪些危害?

3.谈谈你以后打算怎样把求实精神落实到自己的生活和学习中。

记言述行

学生感言

学生践行

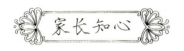

家长知心

老师谈心

第二课　实践精神

不登高山，不知天之高也；
不临深溪，不知地之厚也。

——《荀子·劝学》

义理十则

主旨1：实践是检验真理的唯一标准

1.1　井蛙不可以语于海者，拘于虚也；夏虫不可以语于冰者，笃于时也。① （《庄子·秋水》）

1.2　不登高山，不知天之高也；不临深溪，不知地之厚也。② （《荀子·劝学》）

1.3　无参验而必之者，愚也。③

（《韩非子·显学》）

---

①对井底之蛙不能说清楚大海是怎样的，因为它没有实际经历；对夏天的虫子不能说清楚冰是怎样的，因为它受时间的限制。
②不登上高山，就不会知道天有多高，不走近深谷，就不知道地有多厚。
③没有经过检验而肯定它，那是愚蠢的。参验：验证。必：肯定。

1.4　　bǎi wén bù rú yī jiàn
　　　　百　闻　不　如　一　见　。① (《汉书·列传第三十九》)

主旨2：知识与实践相辅相成

2.1　　fēi zhī zhī jiān　　xíng zhī wéi jiān
　　　　非　知　之　艰　，　行　之　惟　艰　。② (《尚书·说

命中》)

2.2　　bó xué zhī　　shěn wèn zhī　　shèn sī zhī
　　　　博　学　之　，　审　问　之　，　慎　思　之　，

míng biàn zhī　　dǔ xíng zhī
明　辨　之　，　笃　行　之　。③ (《礼记·中庸》)

2.3　　jīng yì rù shén　　yǐ zhì yòng yě
　　　　精　义　入　神　，　以　致　用　也　。④ (《周易·系辞

下》)

2.4　　zhī yǔ xíng cháng xiāng xū　　rú mù wú zú bù
　　　　知　与　行　常　相　须　，　如　目　无　足　不

xíng　　zú wú mù bù jiàn
行　，　足　无　目　不　见　。⑤ (《朱子语类》)

---

①听到一百次也比不上看见一次。
②不是认识艰难，付诸行动才艰难。
③要广泛地学习，详尽地探讨，慎重地思考，明确地辨别，切实地实践。笃：切实。
④深刻领会，学以致用。
⑤知识与实践相互需要，正如有眼睛没有脚，就不能走路；有脚没有眼睛，就看不见路。须：
通"需"，需要。

2.5 　　xué zhě dāng wù shí
学 者 当 务 实 。① ([宋]杨时《二程粹言·论学》)

2.6 　　xíng ér hòu zhī yǒu dào
行 而 后 知 有 道 。② ([清]王夫之《船山思问录·内篇》)

延伸阅读

阅读下面的文章，回答问题：

纸上谈兵

　　战国时期，赵国著名大将赵奢有一个儿子名叫赵括，他从小熟读兵书，谈起军事来头头是道。父亲赵奢有时也说不过他，赵括不禁得意非凡，赵奢却不以为然。

　　有一年，秦国攻打赵国，赵国出战的老将廉颇，经验丰富，知己知彼，采取有效的战略，使秦军三年都不能打败赵军。秦国见久攻不下，就用反间计挑拨赵王和廉颇的关系。果然，赵王中计，派赵括代替了廉颇。赵括自以为是，认为老将廉颇的策略不好，于是照搬兵书，结果在秦军的引诱下出兵迎战，被困四十多天，军粮断绝，数十万赵军被迫投降，最后全部被活埋，赵括自己也被乱箭射死了。

　　赵括懂兵法吗？他为什么失败？

---

①治学者应在实际事务上下功夫。
②行动，然后才知道真理。

鲁班造锯

在春秋战国时期，鲁国有一个著名的工匠叫鲁班。有一年，他接受了一个建造大宫殿的任务，工程限期很紧，需要的木料又多，鲁班就派徒弟们夜以继日地到山上去砍伐木材。大家每天抢斧劈柴，都累得疲惫不堪，但砍伐的木料远远供应不上工程进度的需要。

如果不能按时完工，大家都会受重罚，怎么办呢？鲁班心里非常着急，便决定亲自上山督促。上山的时候，他不小心滑倒，情急之下，伸手便抓住身旁的一丛茅草，没想到手一下子就被划破了，还渗出血来。

鲁班很奇怪，小小的茅草怎么这么锋利？于是，他扯起一把来仔细观察，发现小草的叶边上长着许多锋利的小齿。原来，手就是被这些小齿划破的。鲁班突然想到，如果制造一把边缘带有很多小齿的工具，是不是就可以锯断大树了？于是，他先做了一条带小锯齿的竹片做试验，结果效果很好。但是竹片的小锯齿很容易断，不能长期使用，也不能锯断稍硬一点的东西。后来，鲁班又找到铁匠帮忙，继续试验，制造了一把带小齿的铁片，用这以铁为原料的"锯"去锯树，果然又快又省力。据说，世界上的第一把锯就是这样发明出来的。

在鲁班之前，肯定会有不少人碰到过手被野草划破的类似情况，为什么只有鲁班从中受到启发，发明了锯？这给了我们哪些启示？

"实践精神"解析

黑格尔说过:"只有那些永远躺在坑里从不仰望高空的人,才不会掉进坑里。"这告诉我们:在生活中要多实践,不要怕遇到困难。只有经过实践,才会有创见,才能发现真理。没有实践,鲁班就发明不了锯,蔡伦也造不出纸。

实践是检验真理的唯一标准。一种观念是真理还是谬误,只有经过实践才能加以判断,才知道是对还是错,是真还是假。离开实践,迷信书本知识,迷信权威人物,认为所有书本上的知识和权威人物的话都是真理,则必定会导致很多的观念错误。

实践与知识是相辅相成的。只有实践与知识并重,双管齐下,才能获得智慧,达到理想的效果。学而不用,是纸上谈兵,应当否定;学以致用,才是一种实践的精神,值得发扬。宋代诗人陆游说"纸上得来终觉浅,绝知此事要躬行",讲的正是这个道理。

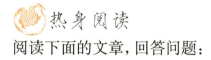

阅读下面的文章，回答问题：

农家孩子也"五谷不分"

　　一般来说，城里孩子接触农田的机会少，对农业、农村缺乏认识，这很正常。因此很多人认为，生活在农村的孩子，应该具有较为丰富的农业常识。事实果真是这样的吗？

　　据报道，某小学为了测试学生的"农知"水平，别出心裁地将稻禾、四季豆、板栗、杏、梅等这些最普通的农作物搬进校园，在学生中开展认知食用植物的知识竞赛。

　　经过该校四到六年级12个班中96名学生"选手"的热情参与，却得出了让人大跌眼镜的结果：在5分钟时间内，对60种常见农作物的名称，仅有23名同学答对30种以上，其中最多的辨识出39种，最少的仅15种，大多数学生只答出了20多种。在比赛中，同学们的观点令人哭笑不得：板栗是长在地底下的，马铃薯就是番薯，把毛芋苗说成玉米苗，而玉米苗说成竹子……

　　对同学们的表现，老师评价道："这样的结果在意料之中，也在意料之外。农村学生的生活也普遍缺少了泥土味。"这些所谓的"农家孩子"虽然生活在农村，但是和大多数城里孩子一样，课馀时间也被电视剧、流行歌曲、电脑游戏等所"占据"，不仅不像我们印象里的大多数农家人那样面朝黄土背朝天，甚至也跟城里的孩子一样连餐桌上常见的农作物都不认识，真可谓是"五谷不分"。

（根据"浙江新闻网"资料整理）

读了上面的文章，结合自己或身边的实际情况谈谈你的看法。

 思 考 讨 论

1.你是如何理解"没有调查实践就没有发言权"这句话的？

2.你知道哪些关于创造发明的人和事？请说一说。

3.在生活中，有没有令你感到不方便的事物？想一想可以发明什么来解决这些问题。以"我的奇思妙想"为题，谈谈自己的发明设想。

记言述行

学生感言

学生践行

家长知心

老师谈心

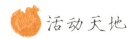

活动天地

学农实践活动

活动目标：

学农实践是课堂教学的延伸，是校内教育的重要补充。此次活动旨在使学生通过体验农村的生活，开展社会调查和专题研究，亲身感受农村的实际，从而培养学生的实践精神。

活动过程：

选择有机自然农业基地，在那里开展农业知识学习，掌握农业技能，参加农业生产劳动，开展劳动竞赛。

活动总结：

每位同学在学农实践结束后撰写"实践报告"作为此次活动的总结。

第三课 批判与创新

多闻阙疑，慎言其余，则寡尤；多见阙殆，慎行其余，则寡悔。

——《论语·为政》

义理九则

主旨1：怀疑精神

1.1 duō wén quē yí, shèn yán qí yú, zé
多 闻 阙 疑 ， 慎 言 其 馀 ， 则

guǎ yóu; duō jiàn quē dài, shèn xíng qí yú, zé guǎ
寡 尤 ； 多 见 阙 殆 ， 慎 行 其 馀 ， 则 寡

huǐ
悔 。 ① 《论语·为政》

1.2 jìn xìn 《shū》, zé bù rú wú
尽 信 《书》， 则 不 如 无

shū
《书》。 ② 《孟子·尽心下》

1.3 wéi xué huàn wú yí, yí zé yǒu jìn。③
为 学 患 无 疑 ， 疑 则 有 进 。

（ [宋] 陆九渊《陆九渊集·语录》）

---

①多听，保留疑问，谨慎地谈论其他足以自信的事，就会减少错误；多看，保留疑问，谨慎地做其他足以自信的事，就能减少后悔。尤：过错。
②完全相信《尚书》，那就不如没有《尚书》。
③学习就怕没有怀疑，有了怀疑，才会有进步。

主旨2：批判精神

2.1　liǎng rèn xiāng gē lì dùn nǎi zhī èr lùn
　　两 刃 相 割， 利 钝 乃 知； 二 论

xiāng dìng shì fēi nǎi xiàn
相 订， 是 非 乃 见。① ([汉] 王充《论衡·案书》)

2.2　shī qí yì bù nì qí jì
　　师 其 意， 不 泥 其 迹。② ([明] 戚继光

《练兵纪要·练将》)

主旨3：自主判断

3.1　fú xué guì dé zhī xīn qiú zhī yú xīn
　　夫 学 贵 得 之 心， 求 之 于 心

ér fēi yě suī qí yán zhī chū yú kǒng zǐ bù gǎn
而 非 也， 虽 其 言 之 出 于 孔 子， 不 敢

yǐ wéi shì yě ér kuàng qí wèi jí kǒng zǐ zhě hū
以 为 是 也， 而 况 其 未 及 孔 子 者 乎？

qiú zhī yú xīn ér shì yě suī qí yán zhī chū yú yōng
求 之 于 心 而 是 也， 虽 其 言 之 出 于 庸

cháng bù gǎn yǐ wéi fēi yě ér kuàng qí chū yú kǒng
常， 不 敢 以 为 非 也， 而 况 其 出 于 孔

---

①两把刀互相切割，是利是钝就可以知道；两种见解相互比较，是非就会分明。订：评议。
②学习其内在精神，不拘泥于具体方法。泥：拘泥。

zǐ zhě hū
子者乎？ ① [明]王守仁《传习录》）

3.2　　夫道，天下之公道也；学，
fú dào　　　tiān xià zhī gōng dào yě　　xué

tiān xià zhī gōng xué yě　　　fēi zhū zǐ kě dé ér sī
天下之公学也。非朱子可得而私

yě　　fēi kǒng zǐ kě dé ér sī yě　　　tiān xià zhī gōng
也，非孔子可得而私也。天下之公

yě　　gōng yán zhī ér yǐ yǐ　　　gù yán zhī ér shì
也，公言之而已矣。故言之而是，

suī yì yú jǐ yě　　　nǎi yì yú jǐ yě　　　yán zhī ér
虽异于己也，乃益于己也；言之而

fēi　　suī tóng yú jǐ　　shì sǔn yú jǐ yě　　　yì yú
非，虽同于己，适损于己也。益于

jǐ zhě　　jǐ bì xǐ zhī　　　sǔn yú jǐ zhě　　jǐ bì
己者，己必喜之；损于己者，己必

wù zhī
恶之。 ②（明]王守仁《传习录》）

————————

①学习贵在得到自己心灵的认可，向自己的内心寻求，如果发觉它是错的，即使它是来自于孔子之言，我也不能认为它就是正确的，更何况是来自于那些不如孔子的人呢？在自己的心灵中验证，发觉它是正确的，即使它是来自于平庸之人，我也不能认为它是错误的，更何况是来自于孔子呢？
②道，是天下公有的道；学，是天下公有的学，并不是朱熹个人私有的，也不是孔子个人私有的。对天下公有的东西，只能秉公而论。所以，正确的言论，即便与自己的意见不同，也对自己有益；错误的言论，即便与自己的意见相同，也对自己有损害。对自己有益的，一定会喜欢它；对自己有害的，一定会厌恶它。

主旨4：创新精神

4.1　　有一派学问，则酿出一种意见，有一种意见，则创出一般言语。无意见则虚浮，虚浮则雷同矣。①[明]

袁宗道《白苏斋集·论文》）

4.2　　学者当自树其帜。②（[清]郑燮《与江宾谷、江禹九书》）

延伸阅读

阅读下面的文章，回答问题：

大禹治水

古代有一位圣明的君主叫做尧，他在位的时候，有一次黄河流域发

①有自成一派的学问，就能产生独特的见解；有独特的见解，就能创造出独具风格的作品。没有独特见解，文章就虚浮；虚浮，就会与别人雷同。
②学者应当自己独树一帜。

生了重大水灾。大水淹没了良田，冲毁了房屋，可怜的百姓来不及逃跑，就被汹涌的波浪卷走了。老百姓没有地方住，只好往高处搬。看到这种状况，尧召开了部落联盟会议，征求四方部落首领的意见，商量治水的方法。最终，在首领们的推荐下，尧决定让鲧来治理洪水。

鲧花了九年时间，水来土掩，造堤筑坝，花尽了心思，谁知洪水却冲垮了堤坝，不仅没有制服洪水，水灾反而闹得更凶了。

后来，鲧的儿子禹代替父亲治水。禹大胆地改变了他父亲的做法，不是一味地筑堤填土，而是开渠排水、疏通河道。他和老百姓一起劳动，戴着箬帽，拿着锹子，不避风雨，带头挖土、挑土，累得小腿肚子上的肉都瘦干了。

为了治水，他离开了新婚的妻子，四处奔波，三次经过自己的家门，都没有进去。他的妻子涂山氏刚刚生下了儿子，禹从门外经过，听见孩子的哭声，却硬起心肠，强忍着没进去探望。

当时，黄河中游的龙门山堵塞了河道，奔腾东下的河水受到阻挡，常常溢出河道，造成洪水泛滥。禹亲自去了龙门山，观察好了地形，带领人们开凿龙门山，这样，河水就畅通无阻了。

经过13年的努力，禹终于疏通了天下的大河大川，把洪水都引到大海里去了，百姓们终于可以安居乐业了。

试述大禹的功绩，并谈谈大禹治水给你的启示。

 理论指导

批判与创新

人类的知识体系包含真理和谬误。人类文明的发展，就表现为真理不断增加，谬误不断减少。每个人都拥有判断某一知识是真理还是谬误的权力，这就是"在真理面前人人平等"。当你具备一定的知识水平时，在你运用知识的过程中，你就会发现，经过实践的检验和事实的验证，某些知识是谬误。在此情况下，你就要勇敢地站出来，坚持真理，宣传真理，对谬误进行批判。孔子说："君子和而不同，小人同而不和。"君子要在实践的基础上坚持自己的观点。社会中存在不同的观点，完全是正常的现象。因为社会是复杂多面的，不同的观点其实反映了社会的不同方面。没有争鸣、批评，社会就不能进步。不能容忍不同观点的社会，是令人窒息的思想僵化的社会。"百花齐放，百家争鸣"，是社会宽容、和谐、进步的表现。

创新是对事物有新的认识、新的发现，或者是创造了新的物质产品或文化产品。创新是一个民族兴旺发达的不竭动力。当一个民族丧失了创新力，就会在发展中处于停滞状态，在竞争中处于不利地位。

创新，更需要怀疑精神与批判精神。不因循守旧，不墨守成规，不为传统的理论观念和权威人物的决断所束缚，不为保守的思维定势所影响，大胆而又不失科学依据。如果缺乏怀疑精神，就有可能轻信一些已过时或未经证实的理论和假说，使创新活动止步不前。因此可以说，"怀疑"是创新之父。

热身阅读
阅读下面的文章,回答问题:

胡服骑射

战国时期,各国之间战乱不断。赵国也经常被邻国侵扰,赵武灵王决心要进行改革,强国富民。

赵国地处北方,与胡人接触较多,赵武灵王发现胡人短衣窄袖,脚穿皮靴,行军打仗非常方便;而中原的长袍大褂宽袖口,拖拖拉拉,连干活都不便利。胡人作战时用的骑兵、弓箭,也比中原的步兵、长矛具有更大的灵活机动性。于是赵武灵王决定推行"着胡服"、"习骑射"的服装和军事改革,以取胡人之长补中原之短。

第二天,赵武灵王身着胡服上朝,满朝大臣们一看,都被吓了一大跳,一个个目瞪口呆,不知道赵武灵王想干什么。赵武灵王把胡服骑射的想法一说出来,就遭到众大臣的反对。他们认为身为中原礼仪之邦,竟穿蛮夷的服装,实在不成体统。特别是赵武灵王的叔父赵成,头脑十分顽固,他带头反对改革服装,而且还在家装病不上朝了。

赵成是在朝中很有影响的一位大臣,如果不通过他这一关,是很难成功推行改革的。赵武灵王决定亲自登门拜访这位老叔父,并对他晓以大义。赵武灵王告诉他,赵国面对四面强敌,以后的兴败成亡就看这次改革了。终于,赵成被赵武灵王的诚恳之言说服了。于是,赵武灵王立即赏给他一套新式胡

服。次日上朝，大臣们见老将赵成也改穿胡服，就都不敢再反对了。

推行胡服之后，赵武灵王接着又号令兵士学习骑马射箭。不到一年，赵国就训练出了一支强大的骑兵队。很快，赵武灵王的骑兵队打败了邻近的中山国，又收服了北方的游牧民族，赵国从此走上了兴盛之路。

赵武灵王"胡服骑射"的可贵之处在哪里？我们能从他身上学到哪些东西？

思考讨论

1.中国历史上有不少伟人坚持求实创新，你能举出其中一些你所欣赏的人物吗？说说你欣赏他们的地方。

2.举例说明怀疑和批判精神在人们的认识和创新中具有什么作用。我们常说"不破不立"，请简要说明"破"和"立"的关系。

3.阅读材料，回答问题：

上海复旦大学计算机专业的本科生小顾，毕业后做出了一个改变他人生轨迹的决定——回乡、养鸡、卖蛋，他决定重新打造自家的品牌——"阿强"鸡蛋。半年后，"阿强"鸡蛋的"网上身份查询系统"研制成功，这在上海农产品中尚属首家。"阿强"鸡蛋的销量也因此比上年同期增长了2.5倍。小顾又开始科研攻关，生产出附加值更高的"阿强头窝鸡蛋"，单凭这一项，一年就可以多赢利35万元。(根据"人民网"新闻整理)

"打破常规"一定是创新吗？我们要向小顾学习什么？

 记言述行

学生感言

 学生践行

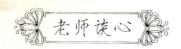 家长知心

老师谈心

第四课 坚持真理

子绝四：毋意，毋必，毋固，毋我。

——《论语·子罕》

义理八则

主旨1：摒弃主观成见

1　子绝四：毋意，毋必，毋固，毋我。① （《论语·子罕》）

　　　zǐ jué sì　wú yì　wú bì　wú gù
　　　wú wǒ

主旨2：全面认识

2.1　差若毫厘，缪以千里。② （《礼记·经解》）

　　　chā ruò háo lí　miù yǐ qiān lǐ

2.2　彼亦一是非，此亦一是非。果且有彼是乎哉？果且无彼是乎哉？彼是莫得其偶，谓之道枢。

　　　bǐ yì yī shì fēi　cǐ yì yī shì fēi
　　　guǒ qiě yǒu bǐ shì hū zāi　guǒ qiě wú bǐ shì hū
　　　zāi　bǐ shì mò dé qí ǒu　wèi zhī dào shū

---

①孔子杜绝四种毛病：不凭空臆测，不绝对肯定，不固执己见，不自以为是。意：通"臆"，推测。必：确定。固：固执。我：自以为是。

②极小的误差，就会造成极大的错误。缪：通"谬"，错失。

shū
枢，始得其环中，以应无穷。① （《庄子·齐

物论》）

2.3　fán rén zhī huàn，bì yú yī qū，ér àn
凡人之患，蔽于一曲，而暗

yú dà lǐ
于大理。② （《荀子·解蔽》）

2.4　ruò yǐ hé jìng zhī xīn guān jìng，zhōng shēn bù
若以合境之心观境，终身不

jué yǒu è；rú jiāng lí jìng zhī xīn guān jìng，fāng néng
觉有恶；如将离境之心观境，方能

liǎo jiàn shì fēi
了见是非。③ （[唐]司马承祯《坐忘论·真观》）

2.5　dāng jú chēng mí，páng guān jiàn shěn
当局称迷，傍观见审。④ （[五代]刘

昫《旧唐书·列传第五十二》）

---

①那里有那里的是与非，这里有这里的是与非。果真是有彼此的分别吗？果真是无彼此的分
别吗？彼与此没有各自的对立面，这就是道的枢纽。道的枢纽位于圆环的中心，以对应事物的
无穷方面。（说明：如果从某一角度来看，只能看到事物的某一方面。因此，必须站到事物内
部去，以事物的内部为中心，环顾事物的方方面面，对事物才能有全面的认识。）
②大凡人的毛病，在于被局部现象所蒙蔽，不清楚大的道理。曲：局部。暗：昏暗，不清楚。
③如果你陷在圈子里面去看圈子中的事物，一辈子都不会发现其中存在着丑恶；如果你能跳
出圈子去看圈子中的事物，才能辨明是非。
④当事人迷惑，旁观者看得清楚。傍：旁边。审：清楚。

主旨3：不以主观好恶影响是非判断

3.1
ài zhī zé bù jué qí guò
爱之则不觉其过，
wù zhī zé bù
恶之则不
jué qí shàn
觉其善。 ① ([南朝·宋]范晔《后汉书·列传第三十八》)

3.2
xīn yǒu suǒ shì
心有所是，
bì yǒu suǒ fēi
必有所非。
ruò guì
若贵
yī wù
一物，
zé bèi yī wù huò
则被一物惑；
ruò zhòng yī wù
若重一物，
zé
则
bèi yī wù huò
被一物惑。 ② ([宋]赜藏主《古尊宿语录》)

延伸阅读

阅读下面的文章，回答问题：

孔子小传

孔子，名丘，字仲尼，鲁襄公二十二年（公元前551年）生于鲁国。孔子幼年丧父，家境贫寒，母亲颜徵在独自含辛茹苦地抚养他。他少年时

---

①喜爱一个人就不会觉察他的过错，厌恶一个人就不会觉察他善的一面。
②心中有所肯定，必定会有所否定。如果珍爱一物，就被一物所迷惑；如果看重一物，就被一物所迷惑。

"多能鄙事"，管过仓库、放过牛羊。虽然生活困苦，但孔子十五岁时就以学为志，好学不厌，到三十岁时就已学有所成，并开设私学、授徒讲学。孔子"有教无类"，从士大夫到庶民百姓都可以来学习，打破了过去"学在官府"的传统。

昭公二十五年（公元前517年），孔子为避鲁国内乱，前往齐国。但在齐国也没有机会发挥才能，便又回鲁国"修诗书礼乐，弟子弥众"，各个诸侯国几乎都有前来求学的。当时季氏掌握鲁国政权，但季氏又受制于他的家臣阳货，孔子不满这种政不在君的失礼现象，不愿出仕。他说："不义而富且贵，于我如浮云。"后来，孔子一直等到阳货被逐，五十一岁时，才出仕中都宰，不到一年，中都地区秩序井然。孔子很快就升迁为司空，再升为大司寇。孔子任职期间，鲁国政治安定，经济繁荣，社会风气大为改观。

齐国人害怕鲁国强大起来，就给鲁国国君和权臣送来了女乐文马。果然，鲁国君臣玩物丧志，连续多天不上朝听政。孔子知道在鲁国已经无法施展抱负，于是带领弟子们愤而出走，周游列国，开始了长达十几年的漂泊生涯。这一年，孔子已经五十五岁了。

师徒一行人先后到访了卫、陈、曹、宋、郑、蔡等国，拜会了七十二位诸侯和数以百计的朝野知名人士，在这期间历尽艰辛，曾被围困于匡地，遇险于宋国大树下，绝粮于陈蔡之间，但仍不见重用。鲁哀公十一年（公元前484年），孔子六十八岁时，季康子派人迎接孔子回鲁。在外颠沛流离了十四年后，孔子终于回到了父母之邦。

孔子归鲁后，被尊为"国老"，主要致力于整理文献和教书育人，为中国道统奠定了基础。鲁哀公十六年（公元前479年）四月，孔子病逝。享年七十三岁，葬于曲阜城北泗水之上。弟子们守墓三年，子贡守墓六年。人们围绕孔子的墓而居住的有上百家，当地被称为"孔里"。孔子的故居改为"孔庙"，孔子世世代代受到人们的奉祀。

请围绕孔子的人生道路，以"孔子的启示"为话题，谈谈你对坚持真理的看法。

 理论指导

追求真理　　不畏崎途

追求真理的道路，是一条艰险的道路。追求真理，会遇到利益集团的阻挠、权威人士的压制、保守势力的抵制。某种谬误符合利益集团的需要，利益集团就会想办法维护它，并对提出挑战的人进行迫害。有些谬误被某些权威人士所维护，是他们牟取利益和荣誉的工具，对这些谬误的否定，也会招致权威人士的压制。思想僵化的人们，对某些谬误已经习以为常，无法做到"与时俱进"，当有人提出不同的看法或者有所创新时，也会招致保守势力的攻击。

追求真理是一种高尚的德行，因为追求真理所付出的代价往往比做一些助人为乐之类的小事所付出的更多。只有忧国、忧民、忧天下的君子，出于拯救天下苍生的热忱，才能担当道义，在探索真理、弘扬大道的道路上勇往直前。孔子为坚守大道、弘扬大道，离开了官场，抛弃了利禄，排除各种干扰，抗拒各种诱惑，付出了巨大的代价，才成就了辉煌的

事业，成为万世敬仰的圣人。

与真理为友

一个人发现真理很难，在发现真理之后能够坚持真理更难，尤其当他人都视谬误为真理，而要独自面对谬误、破除谬误，则更是难上加难，非有大勇气之人不能为之。

享誉全球的哈佛大学，其校训是："与柏拉图为友，与亚里士多德为友，更要与真理为友。"柏拉图是亚里士多德的老师。亚氏曾经说："吾爱吾师，吾更爱真理。"这条校训告诫我们：人，要有独立的人格，自由的精神，切不可随波逐流，人云亦云。因为盲从是我们的大敌，真理才是我们的益友。

楷　智　智　智　智　智　智　智　智　智　智　智

热身阅读
阅读下面的文章，回答问题：

和氏璧

春秋时期，楚国有一个人名叫卞和。有一天，他偶然在山中得到一块未经雕琢的璞玉，于是他就把这块璞玉进献给楚厉王。厉王召来玉匠进行鉴定，那玉匠把璞玉拿在手里看了看，说："这不过是一块普通的石头罢了。"厉王听后，勃然大怒，拍案而起，喝道："好一个胆大包天的贱民，竟敢以乱石冒充宝玉来欺骗我！"怒不可遏的楚厉王命刀斧手砍掉了卞和的左脚，以示惩罚。卞和忍痛含冤，无处申诉，只得拖着伤残的左腿离开了。

不久，厉王去世，武王即位。卞和坚信自己的判断，于是，他又捧着那块璞玉献给了武王。武王也不认识，就找玉匠来鉴定。同上次一样，这位玉匠仍然认为那是一块普通的石头。盛怒之下，武王又下令把卞和的右脚砍掉了。

卞和悲痛万分，抱着那块璞玉在楚山脚下哭了三天三夜，眼泪流干了，眼睛里渐渐流出血来，但仍然止不住伤心。后来，武王也去世了，文王即位。文王得知此事后，便派人去找卞和，问他说："天下被砍掉双脚的人多得很，为什么你哭得这样么伤心呢？"卞和回答说："我并不是因为脚被砍断才这样悲痛。我痛心的是，一块宝玉，竟连续两次被人说成是普通的石头；一个善良忠诚的人，却被两代君王说成是骗子。"

听了卞和的话，文王便下令，让玉匠认真加工琢磨这块璞玉，最后果然发现它是一块稀世宝玉。于是，文王就把它命名为"和氏璧"，用以昭示和氏的胆识与忠贞。

卞和是一个怎样的人？"和氏璧"的故事给了我们什么启示？

思考讨论

1.阅读材料,回答问题:

刘大爷家的窗户玻璃被打破了,于是到处打听是谁干的。小甲和小乙看见是小丙打破玻璃的,于是小甲想告诉刘大爷,小乙立即拉住他说:"小丙的爸爸是大官,她妈妈又不好惹,咱们还是别管闲事了。"

你赞成谁的做法?你会对小乙说些什么?

2.有人说:"正直的人,总得罪人,会吃亏,不能适应社会。"你对这种说法怎么看?

3.阅读材料,回答问题:

苏格拉底捏着一只假苹果,在同学们之间走动,让他的学生闻空气中的味道,有一个学生说闻到了香味。苏格拉底又拿着这只苹果在同学们中间走了一遍,这次,除了一名学生外,其他学生都举手说闻到了香味。这名同学看其他同学都举了手,也慌忙举起了手。苏格拉底很遗憾地说:"谁都应该闻不到香味,因为这只是一只没有香味的假苹果。"

从这个故事中你得到了什么启示?你以后会如何坚持自己的观点?

记言述行

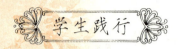
学生感言

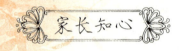
学生践行

家长知心

老师谈心

第五课　学习目的

学，玉不琢，不成器；人不知道。

——《礼记·学记》

义理十则

主旨1：增长知识

1.1 wú cháng zhōng rì bù shí　　zhōng yè bù qǐn
吾尝终日不食，终夜不寝，

yǐ sī　　wú yì　　bù rú xué yě
以思，无益，不如学也。① 《论语·卫灵公》

1.2 yù bù zhuó　　bù chéng qì　　rén bù xué
玉不琢，不成器；人不学，

bù zhī dào
不知道。② 《礼记·学记》

1.3 jiàn suī lì　　bù lì bù duàn　　cái suī
剑虽利，不厉不断；材虽

měi　　bù xué bù gāo
美，不学不高。③ [汉]韩婴《韩诗外传》

主旨2：养成品性

2.1 hào rén bù hào xué　　qí bì yě yú
好仁不好学，其蔽也愚；

---

①我曾经整天不吃，整夜不睡来思考，但都没有益处，还不如学习。尝：曾经。
②玉石不经过雕琢，就不能成为玉器；人不学习，就不懂得道理。
③剑虽然锋利，但不磨砺就不能斩断（东西）；人的材质虽好，但不学习就不能提高。厉：通"砺"，此指磨刀石。

hào zhì bù hào xué　　qí bì yě dàng　　hào xìn bù hào
好知不好学，其蔽也荡；好信不好

xué　　qí bì yě zéi　　hào zhí bù hào xué　　qí bì
学，其蔽也贼；好直不好学，其蔽

yě jiǎo　　hào yǒng bù hào xué　　qí bì yě luàn　　hào
也绞；好勇不好学，其蔽也乱；好

gāng bù hào xué　　qí bì yě kuáng
刚不好学，其蔽也狂。① (《论语·阳货》)

2.2　suī yǒu jiā yáo　　fú shí　　bù zhī qí
虽有佳肴，弗食，不知其

zhǐ yě　　suī yǒu zhì dào　　fú xué　　bù zhī qí shàn
旨也；虽有至道，弗学，不知其善

yě　　shì gù xué rán hòu zhī bù zú　　jiào rán hòu zhī
也。是故学然后知不足，教然后知

kùn　　zhī bù zú　　rán hòu néng zì fǎn yě　　zhī
困。知不足，然后能自反也；知

kùn　　rán hòu néng zì qiáng yě　　gù yuē　　jiào xué xiāng
困，然后能自强也。故曰：教学相

zhǎng yě
长也。② (《礼记·学记》)

───────────

①喜好仁德而不喜欢学习，它的弊病是愚昧。喜好聪明而不喜欢学习，它的弊病是放荡。喜好诚实而不喜欢学习，它的弊病是贼害(自己)。喜好正直而不喜欢学习，它的弊病是刻薄。喜好勇敢而不喜欢学习，它的弊病是混乱。喜好刚强而不喜欢学习，它的弊病是狂妄。
②虽然有精美的食物，如果不吃它，就不知道它的味道美；虽然有高深的道理，不学习它，就不知道它的奥妙。所以通过学习，然后才知道不足；通过教，才知道(自己知识的)贫乏。知道自己的不足，然后能反求于自己；知道(自己知识的)贫乏，然后能够自强。所以说，教和学是互相促进的。旨：味美。困：困惑。

2.3　教之治性，犹药之治病。①

jiào zhī zhì xìng　　yóu yào zhī zhì bìng

（[晋] 孙绰《孙子》）

主旨3：遵行正道

3.1　敏于事而慎于言，就有道而

mǐn yú shì ér shèn yú yán　　jiù yǒu dào ér

正焉，可谓好学也已。②（《论语·学而》）

zhèng yān　　kě wèi hào xué yě yǐ

3.2　大人之学也为道，小人之学

dà rén zhī xué yě wèi dào　　xiǎo rén zhī xué

也为利。③（[汉] 扬雄《法言·学行》）

yě wèi lì

主旨4：培养能力

4.1　君子藏器于身，待时而动。④

jūn zǐ cáng qì yú shēn　　dài shí ér dòng

（《周易·系辞下》）

---

①教育能够陶冶情性，就好比药物能够治病。
②做事敏捷而说话谨慎，求教于有道之人来纠正自己（的错误），就可以叫做好学了。就：接近。正：纠正。
③君子学习是为了（寻求）道理，小人学习是为了（求）利。
④君子在自己身上积蓄才干，等候时机发挥出来。藏：积蓄。器：才干。

jī cái qiān wàn   bù rú bó jì zài shēn
4.2　积财千万，不如薄伎在身。①

（[北朝·齐] 颜之推《颜氏家训》）

延伸阅读

阅读下面的文章，回答问题：

扁鹊精医道

战国时期有一位神医，名叫扁鹊，中医的"望闻问切"四诊法就是他所开创的。扁鹊云游列国，不仅为诸侯看病，也经常为百姓疗疾，医道精良，救人无数。

有一次，扁鹊路过虢国，看到那里的百姓都在祈福消灾，就过去打听。宫里人悄悄地议论，说太子已经死了半日了。扁鹊问明太子的病情后，经过分析，认为太子患的是"尸厥症"。一旦患上这种病，人就会突然昏倒，鼻息微弱，像死了一样。但是扁鹊又不十分肯定，于是，他决心亲自进宫去看看太子的状况。在宫里，经过细细的诊断和分析，扁鹊断定太子所患的确实是"尸厥症"。他立即让弟子磨研针石，配合他针刺疗疾，又调制药物，熬煮好了给太子服下。经过一系列的治疗，过了一阵，太子果然坐了起来，舒活舒活筋骨，像刚睡醒一样。然后，在扁鹊的帮助下，经

----

①蓄积了千万钱财，不如自己掌握小小的技艺。伎：通"技"。

过了两天的调养，太子生龙活虎，完全恢复了健康。从此，天下人传言，扁鹊能"起死回生"。但扁鹊却说，我并不能救活死人，只不过能把应当活的人治好罢了。

又有一次，扁鹊来到了晋国。恰逢晋国的大夫赵简子病了，已经连续昏迷了五天五夜，家人十分担心。听说扁鹊来了之后，就马上请他来给赵简子看病。扁鹊看了以后，安慰他的家人说："大夫血脉正常，不用担心，不超过三天一定会醒。"两天半后，赵简子果然醒了。

还有一次，扁鹊来到了蔡国，受到蔡桓公的热情接待。扁鹊对蔡桓公说："您已经患病了啊，病根就在您的肌肤之间。您应该及时治疗，否则病情会加重。"蔡桓公听了很不高兴，就不再理他了。十天后，扁鹊又一次去见他，说道："大王的病已经延伸到了血脉之中，如果不治疗，病情还会加重。"蔡桓公仍然不相信，而且更不高兴了。又过了十天，扁鹊再次见到蔡桓公，再次劝说道："您的病已经蔓延到了肠胃，如果不及时医治，恐怕会发展到不可收拾的地步啊！"蔡桓公听了，怒不可遏。转眼间，十天又过去了，这次，扁鹊一见到蔡桓公，转身就走。蔡桓公感到十分奇怪，连忙派人追上去问，扁鹊说："病在肌肤之间时，可用熨药治愈；在血脉之中，可用针灸之法治疗；在肠胃里时，借助酒的力量也能治愈；可病一到了骨髓，就无法治疗了。现在大王的病已在骨髓，我无能为力了。"果然，五天之后，蔡桓公病情发作，他急忙派人寻找扁鹊，而扁鹊已逃往秦国了。

结合经典语句，谈谈扁鹊有哪些可贵的精神。假如蔡桓公现在就站在你的面前，你想对他说些什么呢？

 理论指导

确立高尚积极的学习目的

世上的人大多比较平庸，就是因为没有明确而高尚的人生目的，每天浑浑噩噩地活着，不知道追求什么。

许多学生学习成绩不好，也在于没有明确而高尚的学习目的。明确、高尚的学习目的，会给人以无穷无尽的动力，激励人们去学习、去拼搏，从而获得成功。

高尚的学习目的可列举如下四种：

1. 为报答父母的养育之恩，让父母生活得更幸福，让父母感到欣慰与荣耀。

2. 为回报老师的培育，回报人民大众的帮助，报答祖国的护佑。

3. 为促进社会公平、和谐与进步。

4. "为天地立心，为生民立命，为往圣继绝学，为万世开太平。"

积极的学习目的可列举如下三种：

1. 为了自己的生存，为了改善自己的生活条件。

2. 为了获得荣誉、尊重和肯定。

3. 为了自己的发展，自我实现，成就大业。

阅读下面的文章，回答问题：

刘邦手敕太子书

汉高祖刘邦病危时给太子刘盈写了一封信，翻译过来，是这样说的：

我生长的时代动乱不安，正赶上秦始皇的焚书坑儒，禁止求学。当时我很高兴，认为读书没有什么用处。直到登基当了皇帝，我才明白了读书的重要性，于是请老师讲解经典，以了解其中的意思。回想以前的所作所为，实在有很多不对的地方。

古代的尧帝和舜帝不把天下传给自己的儿子，却让给别人，并不是因为不珍视天下，而是因为他们的儿子不足以担当大任。人们有良种的牛马，都知道珍惜，况且是天下呢？你是我嫡亲的长子，我早就有意确立你为我的继承人。大臣们都称赞你的朋友商山四皓，我曾经想邀请他们但没有成功，今天他们却为了你而来，由此看来你可以承担重任。所以现在我决定立你为我的继承人。

我平生没有正经学习写字作文，不过在读书时知道一些而已。因此文词写得不大工整，还算能够表达自己的意思。现在看你所写的文章，还不如我。你应当勤奋地学习，每次献上的奏议应该亲自动手，不要让别人代笔。

你见到萧何、曹参、张良、陈平这几位和我同辈的公侯，岁数比你大一倍的长者，都要依礼下拜，也要把这些话告诉你的弟弟们。

读了刘邦的这封信，你有什么感想？

 思考讨论

1.阅读材料,回答问题:

福州市政协科教文卫委员会组织了一项调查,以600名中小学生为抽查对象。结果显示,68.1%的学生以实现个人奋斗目标为学习目的,喜欢在大城市且待遇好的单位工作。在对职业的选择上,有32%的学生选择当企业家,2%的学生选择当工人,没有一名学生选择当农民。调查还显示,学生中与同学、朋友谈论最多的话题是个人前途,40%的学生把升学问题当做最烦恼的事情。而65%的学生家长平时最关心的是学生的学习成绩,对学生思想道德表示关心的仅占21%。(根据"中新社"新闻整理)

你如何评价上面的调查结果?说说你的学习目的。

2.小宁没有明确的学习目标,还缺乏学习的极积性,你如何去劝说他?

 记言述行

 学生感言

 学生践行

 家长知心

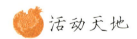 老师谈心

 活动天地

观察中国的发展

活动目标:

此次活动旨在激发学生的民族自豪感,培养学生的民族自尊心和自信心

以及社会责任感, 促使学生不断优化自己的性格, 提高自己的品行, 加强自身的修养, 努力学习, 为今后个人以及社会的发展蓄势。

活动过程:

请学生自己搜集并在班中展示以下资料:

1. 汶川地震的相关图片

2. 金融海啸下中国经济发展态势的相关资料

3. 神舟七号载人航天飞船宇航员太空行走的视频

活动总结:

教师组织学生对本次活动内容进行思考和讨论, 并请同学们谈谈自己的想法以及今后的打算。

第六课　智的价值

知人者智，自知者明。
——《老子》第三十三章

义理八则

主旨1: 明辨是非

1　shì fēi zhī xīn，zhì zhī duān yě
是非之心，智之端也。①（《孟子·公孙

丑上》）

主旨2: 指导行为

2.1　fán rén yù shě xíng wéi，jiē yǐ qí zhì xiān
凡人欲舍行为，皆以其智先

guī ér hòu wéi zhī
规而后为之。②（[汉]董仲舒《春秋繁露·必仁且智》）

2.2　zhì míng rán hòu néng zé
智明然后能择。③（[宋]程颢、程颐《二程集·河

南程氏粹言》）

---

①明辨是非之心，是智慧的萌芽。
②大凡人们要有行动，都要用他们的智慧来加以辨别，然后才去做。
③只有具备了聪明才智才能做出正确的选择。

主旨3：自知知人

3.1　<ruby>知<rt>zhī</rt></ruby> <ruby>人<rt>rén</rt></ruby> <ruby>者<rt>zhě</rt></ruby> <ruby>智<rt>zhì</rt></ruby>，<ruby>自<rt>zì</rt></ruby> <ruby>知<rt>zhī</rt></ruby> <ruby>者<rt>zhě</rt></ruby> <ruby>明<rt>míng</rt></ruby>。① （《老子》

第三十三章)

3.2　<ruby>知<rt>zhī</rt></ruby> <ruby>己<rt>jǐ</rt></ruby> <ruby>者<rt>zhě</rt></ruby>，<ruby>智<rt>zhì</rt></ruby> <ruby>之<rt>zhī</rt></ruby> <ruby>端<rt>duān</rt></ruby> <ruby>也<rt>yě</rt></ruby>，<ruby>可<rt>kě</rt></ruby> <ruby>推<rt>tuī</rt></ruby> <ruby>以<rt>yǐ</rt></ruby>

<ruby>知<rt>zhī</rt></ruby> <ruby>人<rt>rén</rt></ruby> <ruby>也<rt>yě</rt></ruby>。② ([宋]王安石《王文公文集·荀卿》)

3.3　<ruby>知<rt>zhī</rt></ruby> <ruby>过<rt>guò</rt></ruby> <ruby>之<rt>zhī</rt></ruby> <ruby>谓<rt>wèi</rt></ruby> <ruby>智<rt>zhì</rt></ruby>，<ruby>改<rt>gǎi</rt></ruby> <ruby>过<rt>guò</rt></ruby> <ruby>之<rt>zhī</rt></ruby> <ruby>谓<rt>wèi</rt></ruby> <ruby>勇<rt>yǒng</rt></ruby>。③

([清]陈确《陈确集·别集》)

主旨4：成就美德

4.1　<ruby>仁<rt>rén</rt></ruby> <ruby>者<rt>zhě</rt></ruby> <ruby>不<rt>bù</rt></ruby> <ruby>忧<rt>yōu</rt></ruby>，<ruby>知<rt>zhì</rt></ruby> <ruby>者<rt>zhě</rt></ruby> <ruby>不<rt>bù</rt></ruby> <ruby>惑<rt>huò</rt></ruby>，<ruby>勇<rt>yǒng</rt></ruby> <ruby>者<rt>zhě</rt></ruby>

<ruby>不<rt>bù</rt></ruby> <ruby>惧<rt>jù</rt></ruby>。④ （《论语·宪问》)

4.2　<ruby>知<rt>zhì</rt></ruby>、<ruby>仁<rt>rén</rt></ruby>、<ruby>勇<rt>yǒng</rt></ruby> <ruby>三<rt>sān</rt></ruby> <ruby>者<rt>zhě</rt></ruby>，<ruby>天<rt>tiān</rt></ruby> <ruby>下<rt>xià</rt></ruby> <ruby>之<rt>zhī</rt></ruby> <ruby>达<rt>dá</rt></ruby>

---

①能认识他人叫做智慧，能认识自己的才算聪明。
②认识自己是智慧的开始，可以用此来推知他人。
③能认识自己过错的人是智者，能改正自己过错的人是勇者。
④仁爱的人不会忧愁，有智慧的人不会困惑，勇敢的人不会恐惧。

dé yě

德也。 ① （《礼记·中庸》）

 延伸阅读

阅读下面的文章，回答问题：

鲍叔牙让位举贤

  齐桓公当上国君后，坚持让鲍叔牙任宰相。但鲍叔牙认为自己当个太平宰相还勉强可以，如果齐国要图强称霸，则非管仲不可。他对齐桓公说："我不过是您的庸碌之臣，您赐给我俸禄，使我不至于受冻挨饿，这是您的恩典。至于治理国家，恐怕只有管仲才能胜任。我有五个方面不如管仲：宽厚爱民，我不如他；治理国家、制定礼法，我不如他；能以忠诚来对待百姓，我不如他；判决诉讼、审理案件，我不如他；披甲击鼓，指挥军队，使将士勇敢杀敌，我不如他。管仲如同百姓的父母，要治理儿子，不能离开他的父母。"

  但齐桓公对管仲的一箭之仇耿耿于怀，说："管仲曾亲手用箭射我，射中衣带钩，差点要了我的命，现在你却要我任命他为宰相？"鲍叔牙说："那是他忠于自己的主公，勤苦效力啊！如果您能赦免他，任用他，他也会用同样的忠心报答您。"齐桓公听从了鲍叔牙的建议，任用管仲为相。从此，齐国日渐强大，而齐桓公也成为春秋时期的一位霸主。

---

①智慧、仁爱和勇敢是天下通行不变的道德。知：通"智"。

鲍叔牙将相位让给管仲的原因是什么？你从中得到哪些启示？

 理论指导

知人者智　自知者明

"知人者智，自知者明。"一个人活在世上，无论想要自己的人生达到什么样的境地，首先必须有自知之明。

所谓自知之明，就是要自我认识、自我把握。自我认识有一个很大的误区，就是"自以为是"。自己长期以来所习惯的错误行为，以及盘踞在头脑中的错误认识，如果用自己的错误眼光来看，自然发现不了错在何处。所以，有自知之明的人，会将历代圣贤的教导和他人的意见作为一面镜子，以此来对照自己，从而真正发现自己的错误。自我认识是自我把握和人生成功的前提，因此，自我把握在人生中的重要性不言而喻。

只要学会认识自己，知道自己有何优点、有何不足，审时度势，把握机会，就能争取成功。

如何分辨是非善恶

生活中做任何事情都要讲求是非善恶。

所谓"是"就是对的、正确的，所谓"非"就是不对的、错误的。"是非"是指事理的正确与错误。所谓"善"，就是满足人们需要的合理性；所谓"恶"，则是与善相对的东西。判断是非善恶要有正确的标尺，这把

标尺就是良知。良知是人的本能中具有的、以及通过后天学习所形成的判断善恶是非的能力。

　　只有当我们知道了是非善恶以后，才能决定自己该做什么、不该做什么，才能扬善抑恶。

楷智智智智智智智智智智智

阅读下面的文章，回答问题：

刘邦自知知人

　　老子说："知人者智，自知则明。"在中国历史上，汉高祖刘邦真正做到了"知人"和"自知"。

　　公元前209年，陈胜、吴广起义，天下纷纷响应，刘邦率众在沛县起义。刘邦有自知之明，不像项羽那样刚愎自用，他了解并运用手下大将和谋士的特长，在做出重大决策之前充分征求众人的意见，所以能取得胜利。最后，刘邦统率的军队直捣咸阳，推翻了秦王朝，又在楚汉之争中歼灭项羽，建立了西汉王朝。

　　称帝之后，刘邦在洛阳南宫摆酒宴，对在座的王公和百官说："我问诸位一个问题，各位王侯将领不要隐瞒，都要讲真话：我为什么能夺取天下，项羽为什么丢掉天下？"高起、王陵回答说："陛下让人攻占城池，夺取土地，就将管理此地的重任托付给他，让天下人共同享有利益。项羽却不同，对于

有功的人，他要加害；对于有贤德的人，他要怀疑，这就是他失去天下的原因。"刘邦说："你们只知其一，不知其二。运筹帷幄之中，决胜千里之外，我不如张良；安定国家，安抚百姓，供给军饷，保障粮道，我不如萧何；率领百万之众，每战必胜，进攻必得，我不如韩信。这三个人都是人中豪杰，都能为我所用，这就是我取得天下的原因。项羽手下只有范增一人，却得不到重用，这就是他被我捉拿的原因。"

你认为刘邦对自己得天下的原因分析得对吗? 请说明原因。历史上像刘邦一样因重用人才而成就事业的事例很多，你能举一个例子吗?

思考讨论

1.什么是"是非善恶观"? 你如何分辨是非? 大家在上网浏览网页、看电视、阅读报刊的时候，应该如何面对这些公共传播媒体所传达的信息呢?

2.有的流行事物会使我们沉迷，影响我们的成长和正常的学习生活。面对"社会流行"，我们应该持有怎样的态度?

3.期末考试快要结束时，大强用脚轻轻地踢前桌好友小刚的椅子，向小刚要答案，小刚应该怎么办? 为什么?

记言述行

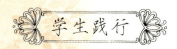

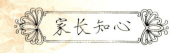

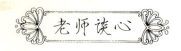

第七课　仁智统一

仁之实，事亲是也；义之实，从兄是也；智之实，知斯二者弗去是也。

——《孟子·离娄上》

义理八则

主旨1：仁智分裂的害处

1.1 　　rén ér bù zhì　　zé ài ér bù bié yě
　　仁 而 不 智 ， 则 爱 而 不 别 也 ；

zhì ér bù rén　　zé zhī ér bù wéi yě
智 而 不 仁 ， 则 知 而 不 为 也 。① [汉]董仲舒《春

秋繁露·必仁且智》）

1.2 　　ài rén bù yǐ lǐ　　shì shì hài rén　　wù rén
　　爱 人 不 以 理 ， 适 是 害 人 ； 恶 人

bù yǐ lǐ　　shì shì hài jǐ
不 以 理 ， 适 是 害 己 。② [清]魏际瑞《魏伯子文集》）

主旨2：仁智统一的益处

2.1 　　rén zhī shí　　shì qīn shì yě　　yì zhī
　　仁 之 实 ， 事 亲 是 也 ； 义 之

---

①有仁德却没有理智，就会只知道爱而不知道如何辨别；有理智却没有仁德，就会只知道善而不去做。
②爱别人却不依照一定道理去爱，就会害了别人；厌恶别人而不依照一定道理去厌恶，就会害了自己。

实，从兄是也；智之实，知斯二者
弗去是也。① （《孟子·离娄上》）

2.2　仁者所以爱人类也，智者所
以除其害也。② （[汉]董仲舒《春秋繁露·必仁且智》）

主旨3：要德才兼备

3.1　故不仁不智而有材能，将以
其材能以辅其邪狂之心，而赞其僻
违之行，适足以大其非而甚其恶
耳。③ （[汉]董仲舒《春秋繁露·必仁且智》）

3.2　才者，德之资也；德者，

---

①仁爱的实质在于敬爱父母双亲；道义的实质源于尊敬兄长；智慧的本质就在于明白前二者
并坚持去做。
②仁德，是用来爱人类的；智慧，是用来除去对人类有危害的东西的。所以：用来。
③所以，没有仁德、智慧而只有才能，就会将他的才能用来辅助他的邪恶、狂妄之心，辅助他
的恶逆行为，这恰好足以扩大他的错误，增加他的罪恶。赞：辅佐，辅助。甚：厉害，严重。

cái　zhī　shuài　yě
才之帅也。① （《资治通鉴》）

jūn　zǐ　xié　cái　yǐ　wéi　shàn　　xiǎo　rén　xié　cái
3.3　君子挟才以为善，小人挟才

yǐ　wéi　è
以为恶。② （《资治通鉴》）

xiǎo　rén　zhī　pà　tā　yǒu　cái　　yǒu　cái　yǐ　jì
3.4　小人只怕他有才，有才以济

zhī　　liú　hài　wú　qióng
之，流害无穷。③ （[明] 吕坤《呻吟语·用人》）

延伸阅读

阅读下面的文章，回答问题：

罗程智而不仁

　　唐朝有个叫罗程的乐师，擅长弹奏琵琶，能够变换创作出新颖的乐曲，技艺超群，因此得到唐武宗和宣宗的宠幸，并凭仗着皇帝的恩宠，骄横放肆。

　　一天，罗程因为别人瞪了自己一眼，就把那人杀了。宣宗大为震怒，立刻命人将他赶出宫廷，押到京城衙门依法处治。其他乐工们觉得罗程

---

①才是德的依凭；德是才的统帅。
②君子倚仗着才华去行善，小人倚仗着才华去作恶。挟：倚仗。
③就怕小人有才，有才会助其行恶，祸害无穷。

的演奏技艺天下无人能及，便想要以此向宣宗求情。此时适逢宣宗在御花园游乐，即将演奏音乐时，乐工们在乐队席的近旁安设了一个无人的座位，并把琵琶放在上面。乐工们排列成队，一个个痛哭流涕。宣宗问："你们这是在做什么？"众乐工说道："罗程对不起皇上您，他胆敢杀人，罪不可恕。但他的技艺实在精绝，天下无人能及。一想到他不能再侍奉您，我们心中都很悲痛啊！"宣宗说："你们所怜惜的不过是罗程的技艺罢了，我所看重的是祖宗们所制定的法律啊。"

最终，宣宗没有赦免罗程。

乐工们为什么为罗程求情？宣宗为什么没有赦免罗程？

 理论指导

"仁智统一"解析

"仁智统一"是儒家的为人之道和理想人格。孔子说"知者乐水，仁者乐山。知者动，仁者静。知者乐，仁者寿"，首先提出了"仁智统一"的主张。汉代董仲舒提出"必仁且智"的主张，丰富和发展了孔子的思想。

"仁智统一"的思想表现为道德与知识的统一，人文精神与科学精神的统一。最能体现仁智统一思想的是"内圣外王"的理论。"内圣"是以"仁"为核心的高尚的道德品性，而"外王"则是生命个体对外产生积极的作用，产生利国利民的成果。在现代社会，科学与民主，必须以"仁"的品质为前提，在人的善良动机之下才能得到正确的运用。而"仁"的道德

品质如果不借助科学与民主向外发生作用，就不可能产生经世致用的效果，就会流于虚玄与空谈。中国古代有"医儒同道"的说法，中医科学技术和伦理道德合一的科学，充分体现了仁智统一的思想。宋代著名大儒范仲淹自谓"不为良相，便为良医"。

"仁智统一"还表现为德才兼备。《资治通鉴》中说："才者，德之资也；德者，才之帅也。"有德之人，同时要有才能，才能做更有价值的事。道德，决定了一个人才能的运用方向。《资治通鉴》中还这样论述："才德全尽谓之'圣人'，才德兼亡谓之'愚人'，德胜才谓之'君子'，才胜德谓之'小人'。凡取人之术，苟不得圣人、君子与之，与其得小人，不若得愚人。何则？君子挟才以为善，小人挟才以为恶。挟才以为善者，善无不至矣；挟才以为恶者，恶亦无不至矣。"这就是说圣人、君子有才，可以为善，为别人办好事；而小人若有才，则会为恶，危害性要比无才的愚人大得多。

楷 智智智智智智智智智智智智

热身阅读

阅读下面的文章，回答问题：

"熊猫烧香"

2006年底，我国互联网上大规模爆发"熊猫烧香"病毒及其变种，该病毒通过多种方式进行传播，并将感染的所有程序文件改成熊猫举着三根香的模样，同时该病毒还具有盗取用户游戏账号等功能。据犯罪嫌疑人交代，其

于2006年10月16日编写了"熊猫烧香"病毒并在网上广泛传播,并且还以自己出售和由他人代卖的方式,导致该病毒的各种变种在网上大面积传播,对互联网用户计算机安全造成了严重破坏。

湖北省公安厅12日宣布,根据统一部署,湖北网监在浙江、山东、广西、天津、广东、四川、江西、云南、新疆、河南等地公安机关的配合下,一举侦破了制作传播"熊猫烧香"病毒案,抓获6名犯罪嫌疑人,这是我国破获的国内首例制作计算机病毒的大案。

(根据"新华社"新闻整理)

天才少年挑战微软

一位美国迈阿密少年布雷克·罗斯开发出了一种使用起来非常方便的浏览器——"火狐"浏览器。目前,这种浏览器正对微软IE浏览器"一统天下"的局面发起了挑战。

布雷克·罗斯七岁就迷上了电脑游戏,十岁创建了自己的网站,十四岁那年去美国加利福尼亚硅谷的网景公司实习。在实习时,罗斯被引见给"莫兹拉基金会",这是一家倡导"互联网上的选择性和创造性"的非营利性机构。该机构一直在开发一种替代微软IE浏览器而且开放源代码的浏览器。进入该机构以后,罗斯和朋友戴维·海厄特便开始研究以用户为中心的小型浏览器。

据悉,"火狐"浏览器不仅运行速度更快、用途更广,而且安全性能更高,能够更好地保护系统不受病毒和垃圾邮件的攻击。而且"火狐"浏览器的服务全部是免费的,作为一种"公开资源",互联网用户可以使用它的源代码和技术。据估计，自Firefox1.0发布以来，它的下载量就突破了1500万大关，成为世界上受欢迎程度仅次于微软IE的浏览器。

（根据《重庆晨报》新闻整理）

上面两篇文章告诉我们什么道理？对此谈谈你的体会。

思考讨论

1.中医是我国具有独立的理论体系的科学，中国古代有"医儒同道"、"医者仁心"、"仁心仁术"的说法。宋代大儒范仲淹曾自谓"不为良相，便为良医"。结合本课所学，谈谈你对"仁智统一"的认识。

2.阅读材料，回答问题：

现代社会中，越来越多的人开始重视提高自己的文化水平和学历，但不少人却忽略了对品德的培育。调查发现，近年来高文化水平犯罪的人数逐年上升。有青少年犯罪研究发现，在二十世纪五、六十年代，甚至八十年代以前，青少年犯罪多为文化水平低的人，如文盲、小学文化水平的人。那时对青少年犯罪有一个概括，说犯罪的青少年是"文盲加流氓"。而从九十年代以来，青少年犯罪却出现了新的变化，不仅有本科生，甚至还有硕士生、博士生，高新技术犯罪都出自高文化层次的人。

根据本课所学，请你谈谈这种社会现象对我们的警示作用。

3.假如你是公司的领导人，面对"有德无才"、"有才无德"、"有德有

才”、“无德无才”的几种员工，你将怎样选择？怎样任用？

 记言述行

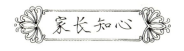

第八课 知行合一

君子之学也，入乎耳，著乎心，布乎四体，形乎动静。

——《荀子·劝学》

义理七则

主旨1：知行分离的害处

1.1 逮(dài)其(qí)后(hòu)世(shì)，功(gōng)利(lì)之(zhī)说(shuō)日(rì)浸(jìn)以(yǐ)盛(shèng)，不(bù)复(fù)知(zhī)有(yǒu)明(míng)德(dé)亲(qīn)民(mín)之(zhī)实(shí)，士(shì)皆(jiē)巧(qiǎo)文(wén)博(bó)词(cí)以(yǐ)饰(shì)诈(zhà)，相(xiāng)规(guī)以(yǐ)伪(wěi)，相(xiāng)轧(yà)以(yǐ)利(lì)，外(wài)冠(guān)裳(cháng)而(ér)内(nèi)禽(qín)兽(shòu)，而(ér)犹(yóu)或(huò)自(zì)以(yǐ)为(wéi)从(cóng)事(shì)于(yú)圣(shèng)贤(xián)之(zhī)学(xué)。如(rú)是(shì)而(ér)欲(yù)挽(wǎn)而(ér)复(fù)之(zhī)三(sān)代(dài)，呜(wū)呼(hū)，其(qí)难(nán)哉(zāi)！吾(wú)为(wèi)此(cǐ)惧(jù)，揭(jiē)知(zhī)行(xíng)合(hé)一(yī)之(zhī)说(shuō)，订(dìng)致(zhì)知(zhī)格(gé)物(wù)之(zhī)谬(miù)，思(sī)有(yǒu)以(yǐ)正(zhèng)人(rén)心(xīn)息(xī)邪(xié)说(shuō)，以(yǐ)求(qiú)明(míng)先(xiān)圣(shèng)之(zhī)

xué
学。① ([明]王守仁《王文成公全书·书林司训卷》)

　　　　ruò xíng ér bù néng jīng chá míng jué　　biàn shì
1.2　　若 行 而 不 能 精 察 明 觉， 便 是

míng xíng　　biàn shì　　 xué ér bù sī zé wǎng　　 suǒ yǐ
冥 行， 便 是 "学 而 不 思 则 罔"， 所 以

bì xū shuō gè zhī　　 zhī ér bù néng zhēn qiè dǔ shí
必 须 说 个 知。 知 而 不 能 真 切 笃 实，

biàn shì wàng xiǎng　　 biàn shì　　 sī ér bù xué zé dài
便 是 妄 想， 便 是 "思 而 不 学 则 殆"，

suǒ yǐ bì xū shuō gè xíng
所 以 必 须 说 个 行。② ([明]王守仁《王文成公全书·答友人

问》)

主旨2：践行正道

　　　　jūn zǐ zhī xué yě　　 rù hū ěr　　 zhuó hū
2.1　　君 子 之 学 也， 入 乎 耳， 着 乎

----

①到了后世，功利之说越来越兴盛，不再知道有实实在在的明德亲民，士人都用花言巧语来
粉饰自己的狡诈，用虚伪的言词互相规劝，因为利益的不同而相互倾轧，外表衣冠楚楚，内心
却是禽兽，然而仍自认为是从事于圣贤之学。这样就想挽救世道，回复到三代，唉，真难啊！
我为此担心，提出了知行合一的学说，纠正致知格物的谬误，想以此来端正人心，消除歪理
邪说，以求弘扬先圣之学。逮：到，及。揭：提出。
②如果践行当中没有精察明觉，这便是盲目的践行，这便是"学而不思则罔"，所以必须说一
个"知"字。知道义理而不能达到真实、深刻的程度，便是妄想，便是"思而不学则殆"，所
以，必须说一个"行"字。冥：昏暗。

^{xīn}
心，^{bù hū sì tǐ}布乎四体，^{xíng hū dòng jìng}形乎动静。① (《荀子·劝

学》)

2.2　^{shèng rén zhī dào rù hū ěr}圣人之道入乎耳，^{cún hū xīn}存乎心，

^{yùn zhī wéi dé xíng}蕴之为德行，^{xíng zhī wéi shì yè}行之为事业。^{bǐ yǐ wén}彼以文

^{cí ér jǐ zhě}辞而已者，^{lòu yǐ}陋矣。② ([宋]周敦颐《通书·陋》)

主旨3：要知行统一

3.1　^{zhī qí rú hé ér wéi wēn qìng zhī jié}知其如何而为温清之节，

^{zé bì shí zhì qí wēn qìng zhī gōng}则必实致其温清之功，^{ér hòu wú zhī zhī}而后吾之知

^{shǐ zhì}始至；^{zhī qí rú hé ér wéi fèng yǎng zhī yí}知其如何而为奉养之宜，^{zé}则

^{bì shí zhì qí fèng yǎng zhī lì}必实致其奉养之力，^{ér hòu wú zhī zhī shǐ}而后吾之知始

---

①君子所学习的道理，入于耳，保存于心，表现在四肢上，体现在日常行动中。着：保存。布：表现。四体：即四肢。形：体现。动静：举止。

②圣人之道进入自己的耳朵里，存放在自己的心灵中，内化于己而成为德行，将它付诸实践而成就事业。那些以(圣人的)文辞标榜自己的人，太浅薄了。

zhì 　　rú shì nǎi kě yǐ wéi zhì zhī ěr
至，如是乃可以为致知耳。① ([明]王守仁《王

文成公全书·书诸阳伯卷》)

ruò bǐ rén suǒ wèi zhì zhī gé wù zhě　　zhì
3.2　若鄙人所谓致知格物者，致
wú xīn zhī liáng zhī yú shì shì wù wù yě　　wú xīn zhī
吾心之良知于事事物物也。吾心之
liáng zhī jí suǒ wèi tiān lǐ yě　　zhì wú xīn liáng zhī zhī
良知即所谓天理也，致吾心良知之
tiān lǐ yú shì shì wù wù　　zé shì shì wù wù jiē dé
天理于事事物物，则事事物物皆得
qí lǐ yǐ
其理矣。② ([明]王守仁《传习录》)

主旨4：从起心动念处做起

gài xīn zhī běn tǐ běn wú bù zhèng　　zì qí yì
4　盖心之本体本无不正，自其意
niàn fā dòng ér hòu yǒu bù zhèng　　gù yù zhèng qí xīn zhě
念发动而后有不正。故欲正其心者，

①知道如何（使父母）暖和或凉爽的仪节，就必须从实际中产生暖和或凉爽的功效，然后我的真知才到来；知道该如何（对父母）敬奉和供养，就必定从实际中致力于敬奉和供养，然后我的真知才到来，这样才可以算是"致知"。
②至于我所说的"致知格物"，是在万事万物中展现我心中的良知。我心中的良知就是天理，在万事万物中展现我心中的良知，那么万事万物之中就存在义理了。

必 就 其 意 念 之 所 发 而 正 之。凡 其 发
bì jiù qí yì niàn zhī suǒ fā ér zhèng zhī　　fán qí fā

一 念 而 善 也，好 之 真 如 好 好 色；发
yī niàn ér shàn yě　　hào zhī zhēn rú hào hǎo sè　　fā

一 念 而 恶 也，恶 之 真 如 恶 恶 臭，则
yī niàn ér è yě　　wù zhī zhēn rú wù è xiù　　zé

意 无 不 诚 而 心 可 正 矣。① ([明]王守仁《王文成公全
yì wú bù chéng ér xīn kě zhèng yǐ

书·大学问》)

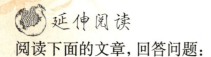 延伸阅读

阅读下面的文章，回答问题：

叶公好龙

　　春秋时期，楚国有一个人叫叶公。叶公爱龙成癖，衣服的带钩上刻着龙，酒壶、酒杯上画着龙，房檐屋栋上雕着龙，总之，到处都是龙的图案。大家进到叶公的家里，还真以为自己走进了龙宫！

----

①心的本体，本来是正的，因为意念产生然后才有不正。所以要端正人心，必须就在他欲念产生之处纠正他。凡是有一个善的念头萌生，喜好它真的就如同喜好美色一样；凡是有一个恶的念头产生，厌恶它真的就如同厌恶难闻的气味一样，那么意念就无不是真诚的，心就得以端正了。

有一天，叶公爱龙的事被天上的真龙知道了。真龙很高兴，心想，难得有人这么喜欢我，我得去他家里拜访拜访！真龙便来到了叶公家里，把龙头搭在窗台上问："叶公在家吗？"叶公一看到真正的龙，便吓得魂飞魄散："哇！有怪物呀！"真龙很奇怪地问："你怎么说我是怪物呢？我是你最喜欢的龙呀！"叶公害怕得全身发抖，说："我喜欢的是像龙的东西，不是真的龙呀……救命呀！"话没说完，叶公就连滚带爬地逃走了。真龙一脸懊恼地说："哼，叶公是假喜欢龙，他根本是怕龙嘛！害得我白跑一趟！"

这个故事说明什么道理？生活中有没有叶公这样的人？

 理论指导

"知行合一"解析

"知行合一"中的"知"，特指人伦道德知识，并非指一般的自然科学和社会科学知识。人伦道德知识并不是写在书本上的知识，而是存在于人心之中的知识，是存在于人的行为之中的知识，所以，"知行合一"是人伦道德知识与其它知识的不同之处。

简单地说，"知行合一"就是"知道这样做是道德的，就要去做；知道那样做是不道德的，就不去做"。人只要"知行合一"，就不会犯错误。在"行"与"知"这两者中，古人特别强调"行"的重要性。《论语》中记载了这样一件事：有一次，子贡问孔子什么样的人可以称为君子，孔

子回答道："先行其言而后从之。"就是说，一个君子，必定是先去实践自己想要说的话，等真的做到以后才把它说出来。又有人说：知而不行，是为不知；行而不知，可以致知。由此可知，"行"是多么重要！

有一次，唐代大诗人白居易和一位得道高僧谈佛论道。白居易问："何为得道？"高僧回答："诸恶不做，众善奉行。"白居易听罢，说道："如此简单的道理，谁人不会？"高僧说："三岁小儿都知道，八十老翁做不到。"

与"知行合一"相反的就是"知行分离"。举个简单的例子：玩电子游戏有害身心健康，浪费宝贵时光，养成好逸恶劳的习性，这许多人都知道。但知道这个道理的人却往往抵抗不了诱惑，常常沉湎于虚幻的游戏之中。所以，我们不仅要具备人伦道德知识，还要在实际中践行，做到"知行合一"，才能成就自我。

音智智智音智智智音智智音

热身阅读

阅读下面的文章，回答问题：

背诵驾船技巧

从前，有一位长者的儿子和许多商人去海里寻宝。这个长者的儿子擅长背诵入海行船之法，书上怎样写，他就怎样背，背得一字不差，说起来头头是道。于是，他信心满满地对大家说："在大海中行船的方法，我都一

清二楚。"大家听了,深信不疑。

不久,行船的师傅得病去世了。这时,长者的儿子便代替他驾驶航船。当船行驶到漩涡激流中时,他不禁慌起来,大声说应该这样行船,这样掌舵……结果,船在漩涡里来回盘桓旋转,却不往前行进。最后,全船的人都被淹死了。

读了这则寓言故事,说说如何做到"知行合一"。

 思考讨论

1.请在你的亲身经历中找一例"知行合一"有助于成功的事例,说给大家听听。

2.研究表明,现在青少年道德认知的水平并不低,而问题更多的是出在道德认知和道德行为不一致上,言行不一,知行脱节。请你列举一些言行不一的现象并加以评说。

3.有人说"知易行难",也有人认为"知难行易"。根据本课所学,谈谈你对这两种观点的认识。

 记言述行

 学生感言

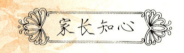 学生践行

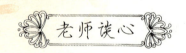 家长知心

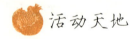 老师谈心

 活动天地

关心同学

活动目标：

　　"知行合一"强调的是有某种道德认识，就一定要在自己的生活中加以

践行，这种道德认识才真实地存在，否则就是虚伪的。此次活动的目标就是将"知行合一"的理念贯彻落实于关心同学的行动中。

活动过程：

找一位困难的同学，给予其关心和帮助。

活动总结：

1.请学生以《关心同学》为主题，自拟题目，写一篇1000字左右的作文，讲述关心同学的道理，说说自己在活动中是怎样想、怎样做的，并论述今后该如何做。

2.教师组织学生谈谈自己在关心同学时的感受，请同学们在班中念念自己的作文。

3.教师对此次活动进行总结。

第九课　教学之法

博学而笃志，切问而近思。

——《论语·子张》

义理十则

主旨1：因材施教

1.1 dǎo rén bì yīn qí xìng，zhì shuǐ bì yīn qí
导人必因其性，治水必因其
shì
势。① （[汉] 徐幹《中论·贵言》）

1.2 shèng rén shī jiào，gè yīn qí cái，xiǎo yǐ
圣人施教，各因其材，小以
chéng xiǎo，dà yǐ chéng dà，wú qì rén yě
成小，大以成大，无弃人也。② （[宋] 朱熹

《孟子集注·尽心章句上》）

主旨2：博专统一

2.1 bó xué ér dǔ zhì，qiè wèn ér jìn sī
博学而笃志，切问而近思。③

---

①教育人一定要依据人的特性，治理水必须依据水流的态势。因：依，顺着。
②圣人施行教育，必须依据各人的资质。资质差的，就培养成低一级的人才；资质好的，就培养成高一级的人才，不会有被遗弃的人。
③广博学习又能志向专一，肯切地向别人请教又勤于思考当前的问题。

（《论语·子张》）

2.2　学贵专，不以泛滥为贤。①

（［宋］程颐《为家君作试汉州学策问之二》）

2.3　学博而后为约，事历而后知要。②　（［明］王廷相《慎言·见闻》）

主旨3：温故知新

3.1　温故而知新，可以为师矣。③

（《论语·为政》）

3.2　时时温习，觉滋味深长，自有新得。④　（《朱子语类》）

---

①学习贵在精专，而不以泛泛而学为可贵。
②学习广博，然后才能得到要领；亲历事情，然后才知道其本质。约：要领，要点。要：本质。
③温习旧知识时能有新的体会和发现，就可以做老师了。
④时时温习就会觉得其旨趣无穷，自然会有新的收获。

主旨4：循序渐进

4.1　　wèi dé hū qián　zé bù gǎn qiú qí hòu
未 得 乎 前 ， 则 不 敢 求 其 后 ；

wèi tōng hū cǐ　zé bù gǎn zhì hū bǐ
未 通 乎 此 ， 则 不 敢 志 乎 彼 。① （[宋] 朱熹《朱

文公文集》）

4.2　　dú shū zhī fǎ　mò guì yú xún xù ér zhì
读 书 之 法 ， 莫 贵 于 循 序 而 致

jīng
精 。② ([宋] 朱熹《朱文公文集》)

主旨5：启发教学

5　　bù fèn bù qǐ　bù fěi bù fā　jǔ yī yú
不 愤 不 启 ， 不 悱 不 发 。 举 一 隅

bù yǐ sān yú fǎn　zé bù fù yě
不 以 三 隅 反 ， 则 不 复 也 。③ （《论语·述而》）

---

①如果不获得前面的知识，就不能去寻求后面的知识；不理解这个问题，就不能理解另外的问题。

②读书的方法，最好是循序渐进，达到精微之处。

③不到他们想问题想不清的时候，我不会去开导他；不到想表达而说不出的时候，我不会去启发他。教给他某一个方面，他不能由此而推知相关的其他三个方面，我就不再教他了。愤：心中想不明白的意思。悱：想说而又说不出的样子。

 延伸阅读

阅读下面的文章，回答问题：

赵普夜读

赵普是北宋的开国宰相，他读书不多，却总能从经典中悟出治国的大道。

有一天晚上，宋太祖赵匡胤要和赵普商量国家大事，因此临时决定到赵普家。一到赵府，看见赵普正在读《论语》，太祖惊奇地问："《论语》是儿童们读的书，你怎么还在读它？"赵普说："齐家、治国、平天下的道理全在这本书中，我每次读都有新的体会。臣只用半部《论语》就为您打下了天下，现在，还要用半部《论语》帮您治理好天下呢。"宋太祖听后赞叹不已。

赵普去世后，随葬品中就有一部《论语》。

从"博专统一"和"温故知新"的角度谈谈赵普"半部《论语》治天下"给我们的启示。这对我们的学习有什么帮助？

理论指导

温故而知新 可以为师矣

知识的增长，是一个连续不断的过程。旧有的知识是接受新知识必要的准备。不断吸收周围环境和经典文献中健康的精神要素，增长德性，正像一棵树的成长不断吸取环境中的物质要素一样。

孔子说："温故而知新，可以为师矣。"就是强调不断地学习钻研与发现创新这二者的结合。在这方面，赵普可以说是典范。与其说他是用半部《论语》治天下，不如说是《论语》本身加上他的不断学习和积累治理了天下。

当然，"温故而知新"还有另外一层意思，就是一个人要重视学习历史以及当下的社会局势，把以前的成功经验用到当前的工作和学习中，还要不断积累经验，发展专长。古人说"前事不忘，后事之师"，就是强调积累的重要性。

楷 智 智 智 智 智 智 智 智 智 智 智 智

热身阅读

阅读下面的文章，回答问题：

年羹尧的老师

清代有个文武双全的名将叫年羹尧，他足智多谋，不仅能运筹帷幄，还能驰骋疆场。民间流传着很多关于这位传奇将军的故事和传说。据说，年羹尧少年时骄横傲慢，不肯读书，他的父亲为他请了好几个老师，都被他打跑了。这样一来，再也没有人敢到他家教书了。父亲很忧虑，无可奈何，只得重金悬赏招聘老师。一个月后，终于有位年近花甲的老先生主动提出要教他，唯

88　中华诵·经典义理教程

一的条件是要把年府花园的院墙再加高三尺，不设门，将能进出花园的所有房门都暂时封死，再让年羹尧住在里面。年羹尧一见这个把他关进花园的老师，火冒三丈，拔拳就打，不料老先生武功很高，一跃跳上墙头。这时的年羹尧要打打不着，跳又跳不上，逃也逃不出，没办法，泄气了。

最初，这位老师什么也不教他，自己每天在书房里手不释卷。到了晚上，老先生就运用轻功，一跃跳出围墙，在外游走半天后，又飘然跳回院子里。年羹尧对这位老师无计可施，又只能被困在花园里干瞪眼，就是出不去啊！年羹尧心里痒痒的：要是自己也有这身功夫就好了。有时候，老先生还会吹笛子。吹笛是可以养气的，年羹尧觉得好听，心里琢磨，要是自己也能吹出这么悠扬的笛声该多好啊！他就向老先生主动提出要学习吹笛子。于是，就从吹笛子开始，他不知不觉学会了养气。后来他看到老师看书看得津津有味，就问："书里有什么好玩的？"先生哈哈一笑，说："书里有比花园大几千倍的景致，一辈子也玩赏不尽，可惜你不懂！"年羹尧听了，脸一扭，说道："我不信！你说，我听听！"于是，老先生将书中的精义原原本本地讲给他听。就这样，年羹尧慢慢变得好学起来，不仅熟读四书五经、兵书、名人传记，还学了十八般武艺，后来成了平定西藏的名将。

因为自己的这段经历，年羹尧变得非常尊敬老师，同时也很谨慎地选择老师。他曾经写过一副对联："不敬师尊，天诛地灭；误人子弟，男盗女娼。"并把这副对联贴在了自己的家里，以示警醒。

年羹尧的老师是用什么方法改变年羹尧的？

思考讨论

1. 在学习中，我们应该"先求博"还是"先求专"？

2. 现在，许多家长错误地认为，提高素质就是让学生掌握器乐、绘画、唱歌、舞蹈等各方面的技艺，因此就给孩子同时报很多个辅导班。孩子疲于应对，最终哪个专业都坚持不下来。你怎么看待这种社会现象？结合本课经典语句，请你给家长提一些建议。

3. 阅读材料，回答问题：

子路问孔子说："听到了鼓励的话就该去做吗？"孔子说："家里有父亲、兄长，如何能一听到就去做呢？"冉有也问孔子："听到了鼓励的话就该去做吗？"孔子回答："听到了鼓励的话就该去做！"

公西华听到后很困惑，问孔子说："子路问您'听到了鼓励的话就该去做吗'，您说有父亲、兄长在，不能一听到就做；冉有也这样问，您说听到了就该去做。我很迷惑啊，所以向老师请教。"孔子听了公西华的话，回答他说："冉有做事总是退缩，所以我鼓励他勇敢去做；子路的胆量却有两个人的大，所以我对他要有所限制。"

为什么孔子对同样的问题给了不同的回答？这是怎样的教学方式？

 记言述行

学生感言

学生践行

家长知心

老师谈心

第十课 尊师重道

师必胜理、行义，然后尊。

——《吕氏春秋·劝学》

义理十则

主旨1：为师者要树立师道

1.1　shī bì shèng lǐ　xíng yì　rán hòu zūn
师 必 胜 理 、 行 义 ， 然 后 尊 。①

（《吕氏春秋·劝学》）

1.2　bù yán ér xìn　bù nù ér wēi　shī zhī
不 言 而 信 ， 不 怒 而 威 ， 师 之
wèi yě
谓 也 。② ［汉］韩婴《韩诗外传》

主旨2：为师者要修身传道

2.1　shī zhě　suǒ yǐ chuán dào　shòu yè
师 者 ， 所 以 传 道 、 受 业 、
jiě huò yě　rén fēi shēng ér zhī zhī zhě　shú néng wú
解 惑 也 。 人 非 生 而 知 之 者 ， 孰 能 无
huò　huò ér bù cóng shī　qí wéi huò yě　zhōng bù jiě
惑 ？ 惑 而 不 从 师 ， 其 为 惑 也 ， 终 不 解

---

①老师必须讲道理，行正义，才能得到尊敬。
②不讲话就有信誉，不发怒却有威严，就是老师。

yǐ
矣。① （[唐]韩愈《师说》）

zhèng rén shuō xié fǎ   xié fǎ xī jiē zhèng
2.2　正人说邪法，邪法悉皆正；

xié rén shuō zhèng fǎ   zhèng fǎ xī jiē xié
邪人说正法，正法悉皆邪。② （《五灯会元·从

谂禅师》）

bì yǐ xiū shēn wéi běn   rán hòu shī dào lì
2.3　必以修身为本，然后师道立。③

（[明]王艮《心斋语录》）

jiào zǐ xū shì yǐ shēn shuài xiān
2.4　教子须是以身率先。④ （[明]陆世仪

《思辨录辑要》）

jiào yǐ yán xiāng gǎn   huà yǐ shén xiāng gǎn
2.5　教以言相感，化以神相感。⑤

（[清]魏源《默觚·治篇》）

---

①老师是传授道理、讲授学业、解决疑难问题的。人不是生下来就有知识的,谁能没有疑惑呢? 有了疑惑而不请教老师,这个疑惑就始终不会得到解决。受:通"授"。惑:疑难。孰:疑问代词,谁。
②正派的人讲说邪法,邪法都会变成正理;邪恶的人讲说正理,正理也会变成邪法。
③一定要以修养自己为根本,这样才能树立师道。
④教导子女必须自己带头去做。
⑤"教"是用言语来感染对方,"化"是用精神来感染对方。

主旨3：求学者要虚心求教

3.1　敏而好学，不耻下问。① (《论
mǐn ér hào xué　bù chǐ xià wèn

语·公冶长》)

3.2　三人行，必有我师焉。择其善
sān rén xíng　bì yǒu wǒ shī yān　zé qí shàn

者而从之，其不善者而改之。② (《论语·述而》)
zhě ér cóng zhī　qí bù shàn zhě ér gǎi zhī

3.3　境遇休怨我不如人，不如我
jìng yù xiū yuàn wǒ bù rú rén　bù rú wǒ

者尚众；学问休言我胜于人，胜于
zhě shàng zhòng　xué wèn xiū yán wǒ shèng yú rén　shèng yú

我者还多。③ ([清] 李惺《西沤外集·药言剩稿》)
wǒ zhě hái duō

---

①聪明好学，不把向不如自己的人请教看作耻辱。
②几个人走在一起，必定有我的老师在其中。选择他们的优点来学习，对于缺点就要改正。
③在境遇上不要埋怨我不如别人，不如我的人还很多；在学问上不要讲我胜过别人，胜过我
的人还很多。

延伸阅读

阅读下面的文章，回答问题：

子贡尊师

　　子贡是孔子学生中的佼佼者，也是个尊师重道的儒家学说的传播者。有一次，子禽问子贡说："孔子周游列国，到达哪里就必定会了解哪里的政事。他是请求别人告诉他的吗？还是别人主动告诉他的？"子贡回答说："老师性格温和、善良，恭敬、节俭、谦让，他的这些品质使得别人主动把事情告诉他。夫子的这种让别人主动把事情告诉自己的方法，大概和别人得知事情的方法不一样吧！"

　　齐景公向子贡询问孔子有何贤能，子贡马上回答说："夫子称得上是圣人啊，哪里只是贤能呢！"

　　当时，鲁国司马叔孙武叔想毁谤孔子，子贡听说了，就义正词严地对他说："你这样做是自讨没趣罢了，夫子是毁谤不了的。别人的贤德好比丘陵，可以跨越过去；而夫子的贤德好比太阳和月亮，是无法超越的！虽然有人要自绝于日月，对日月又有什么损害呢？只是表明他不自量力而已！"

　　子贡为什么对老师如此尊敬？这对我们有什么启示？

尊师重道

尊师是一个古老而永恒的话题。尊师是一种美德，也是一种优良传统。"一日为师，终生为父"的古训名言，"天地国亲师"的牌位供奉，都说明了古人对"师"的尊重和崇敬程度。

弟子能够成材，离不开老师的辛勤教诲。因此，我们在跟随老师学习的同时，就应该要明白恭敬侍奉师长的道理。须知父母养育我们，师长教导我们，是一样的恩泽，都应该给予敬意。而且，一个能尊敬老师的人，也就能重视学业；相对的，也就是尊重自己。

我们要反省一下自己是不是尊敬师长：见到老师问好，下课时鞠躬，进办公室时行礼喊"报告"……这都是对老师的尊重。我们应当用感恩、尊敬之心去面对师长。

真正的教师与教书匠的不同之处是，教师具有修身传道的使命，而教书匠则仅仅传授知识。中华民族有一个伟大的道统，起自黄帝、炎帝，历经尧、舜、禹、周文王、周武王、周公，孔子集大成，承上启下，再经由董仲舒、韩愈、二程、朱熹，传至王阳明、康有为、孙中山。中华道统的核心就是仁、义、礼、智、信、忠、孝、廉、毅、和十大义理。中华道统塑造了中华民族的道德观和价值观，铸造了中华民族的民族精神，是中华民族生存与发展的精神动力。任何一个教师在向学生传授知识的同时，都应当修身传道，用中华道统培养学生的道德品质和人文素质。

热身阅读

阅读下面的文章，回答问题：

岳飞不忘师恩

我国古代著名的抗金大将岳飞，是一位顶天立地的奇男子。人们对这位杰出的先烈充满追慕之情，所以民间流传着许多关于他的故事。岳飞幼年丧父，因家贫而没钱读书，但他十分好学，常常以树枝为笔、大地为纸，孜孜不倦地学习。私塾先生周侗很喜欢他，因此免费收岳飞为学生，在教他学习的同时，还不断培养他爱国爱民、建功立业的远大抱负。此外，周侗还教给岳飞射箭之术，把自己重达三百斤的"神臂弓"也赠给了他。岳飞也不负师恩，勤学苦练，最终成为文武双全之才。后来，他率军收复失地，屡建奇功，使金人闻风丧胆。

周侗去世之后，岳飞以葬父之礼安葬恩师。每逢初一、十五，无论身在何地，他都要备置酒肉供品，祭拜恩师。每次他必定会拿起老师赠送的"神臂弓"射出三支箭，沉痛地说："先生不仅教我立身处世之道、报国安民之理，还教授我射箭之法，此恩此情，永世难忘！"

根据这个故事，结合自己的体验，谈谈你对尊师重道的看法。

思考讨论

1.最近，小娟读了不少儒家经典，在不断受到别人的夸奖后，她觉得自己很有学问。因此，小娟就经常引经据典去批评别人，却从来不用经典中的精义来改正自己的缺点。她这样做对吗？根据本课所学，谈谈你的看法。

2.老师是辛勤的园丁，为了我们能够茁壮成长，不辞辛苦，日夜操劳。我们应该怎样表达对老师的爱呢？请把自己的感受写下来告诉老师。

3.老师是最富于奉献精神的，人们把老师比喻为蜡烛，燃烧自己，照亮别人。请你也用几个精彩的比喻来赞美你心目中的好老师。

记言述行

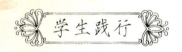

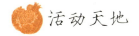活动天地

浓浓师生情

活动目标：

此次活动旨在将尊师重教传统发扬光大，使学生学会为老师的爱心、教诲和劳动而感恩，同时通过活动加强师生交流，改善师生关系，增进师生感情。

活动过程：

在教师节或孔子诞辰纪念日期间，开展以下活动：

1.一次讲话：

学生代表作一次红旗下的讲话，向全体教职工送祝福，感谢师恩。

2.一次班会：

各班开展一次以"师爱无疆"为主题的班会活动。

3.一声问候：

在教师节或孔子诞辰纪念日当天，将课堂上的问好话语改成："老师，节日快乐！"

4.一块展板：

各年级、各班以"感念师恩"为主题制作庆祝展板一块。

5.一句留言：

学生会制作以"老师，我想对您说……"为主题的展板若干，同学们可以在主题展板上给自己喜爱的老师留言、送祝福。

6.一份礼物：

视各班意愿，于节日当天以不同的形式表达对每一位教师的敬爱。

7.一种延续：

各班讨论决定以某种行为或方式在今后的学习生活中延续对师恩、师爱的表达。

活动总结：

请同学们在班上谈谈自己与老师之间最难忘的事情，并结合活动中的感受写成一篇作文，把它献给那位老师。

第十一课　学习之道

锲而舍之，朽木不折；锲而不舍，金石可镂。

——《荀子·劝学》

 经典选诵

义理十一则

主旨1: 熟读精思

1.1 观书先须熟读，使其言皆若
出于吾之口。继以精思，使其意皆
若出于吾之心，然后可以有得尔。①

（[宋] 朱熹《读书之要》）

1.2 读书惟在记牢，则日见进益。②

（[宋] 陈善《扪虱新话》）

主旨2: 重在心悟

2.1 今之治经者亦众矣，然而买

---

①看书首先必须熟读，使书中的话就像从自己口中说出的一样。然后进行细致认真的思考，使书中的意思都好像是出于自己的心中，这样就可以说有收获了。
②读书只有牢记在心，才能每天都有效果。

dú huán zhū zhī bì　　rén rén jiē shì　　jīng suǒ yǐ zài
櫝 还 珠 之 蔽 ， 人 人 皆 是 。 经 所 以 载

dào yě　　sòng qí yán cí　　jiě qí xùn gǔ　　ér bù
道 也 。 诵 其 言 辞 ， 解 其 训 诂 ， 而 不

jí dào　　nǎi wú yòng zhī zāo pò ěr
及 道 ， 乃 无 用 之 糟 粕 耳 。① [宋]程颐、程颢《二程

文集·与方元寀手帖》）

2.2　　dú shū yǒu sān dào，wèi xīn dào、yǎn dào、
读 书 有 三 到 ， 谓 心 到 、 眼 到 、

kǒu dào
口 到 。②（[宋] 朱熹《训学斋规》）

主旨3：读"无字书"

3.1　　qián shì zhī bù wàng，hòu shì zhī shī
前 事 之 不 忘 ， 后 事 之 师 。③

（《战国策》）

---

①现在研读经书的人很多，但是像买櫝还珠那样的毛病，人人都有。经书，是用来记载大道的。诵读了经书的文辞，理解了字句含义，却没有悟到其中的大道，那就变成无用的糟粕了。
②读书有"三到"，就是心到、眼到、口到。
③不忘记前面发生的事情，可以将其作为将来所做事情的老师。

3.2　世事洞明皆学问，人情练达即文章。① （[清] 曹雪芹《红楼梦》）

3.3　不经一事，不长一智。② （[清] 曹雪芹《红楼梦》）

主旨4：专心致志

4　锲而舍之，朽木不折；锲而不舍，金石可镂。③ （《荀子·劝学》）

主旨5：勤奋学习

5.1　少壮不努力，老大徒伤悲。④

（[汉] 无名氏《长歌行》）

---

①明了世间事务，那就是学问；做人干练而通达，那就是文章。
②不经历一件事情，就不会增长一分智慧。
③刻几下就放下，连朽木头也刻不断；如果不停地刻，就是坚硬的金属和石头也能雕刻成器。锲、镂：雕刻。
④年轻时不努力，衰老时枉自悲伤。徒：空。

5.2　一年之计在于春，一日之计在于寅，一家之计在于和，一生之计在于勤。① （《增广贤文》）

主旨6：切忌浮躁

6　为学作事，忌求近功；求近功，则自画气沮，渊源莫极。② （[清] 黄宗羲《明儒学案》）

---

①一年的事应在春天就谋划，一天的事情应在黎明时安排，一个家庭的大计在于和睦，一生的大计在于勤劳。

②做学问或办事情切忌急功近利；急功近利就会自我限制，意气沮丧，达不到根本之处。画：划分界线。渊源：本源。极：达到。

阅读下面的文章,回答问题:

孔子学习的故事

(一) 孔子学琴

《史记·孔子世家》中记录了一个孔子学习的故事。

孔子拜师襄子为师学习弹琴,学了十天还没增加新的学习内容。有一天,师襄子对孔子说:"现在可以学新的曲子了。"孔子说:"我已经熟悉了这些曲子,但是还没有领会其中的技法。"过了一段时间,师襄子又说:"现在你已经掌握了弹琴的技法了,可以增加新曲子了。"孔子再次跟老师说:"我还没有领略曲中所表达的志向。"又过了一段时间,师襄子说:"现在你已经领略到曲中所表达的志向了,可以增加新曲目了。"但是,孔子仍说:"我还不知道创作者是怎么样的一个人。"就这样,一段时间又过去了,孔子变得肃穆而深沉,怡然自得并且志向高远,于是对老师说:"我现在知道作曲者是怎样一个人了:他皮肤黝黑,身材颀长,眼睛明亮有光且志向高远,像是一个统治四方的君王。除了文王,还有其他人能作出这样的曲子吗?"

于是,师襄子站在坐席的一边向孔子拜了两拜说:"我的老师以前说过,这个曲子就叫《文王操》啊。"

孔子学琴经历了哪几个阶段?最后达到了怎样的境界?

（二）孔子读《易》

　　孔子一生都勤奋学习，晚年时他特别喜欢读《周易》。《周易》是一本很难读的书，学起来非常吃力。孔子花费了不少精力，把《周易》通读了一遍，基本上了解了它的内容。过了一段时间，他又读了第二遍，掌握了它的基本要点。接着，又读了第三遍，对其中的精神实质有了透彻的理解。后来，为了深入研究这部书并给弟子讲解，他不知又翻阅了多少遍。由于孔子所处的时代还没发明纸张，书都是用竹简或木简做成的，一片竹简只能写一行字，多则几十字，少则八九字，要做成一部书就要用许多片竹简，然后再把这些竹简用牛皮条编穿在一起，所以当时的书都特别沉重。由于孔子要经常展开书简翻阅，次数太多了，把串连竹简的牛皮绳子也给磨断了好几回，不得不多次换上新的再使用。这就是孔子"读《易》，韦编三绝"的来历。

　　即使读到了这样的程度，孔子还谦虚地说："假如让我多活几年，我就可以完全掌握《周易》的文与质了。"

　　这两个故事给了你什么启示？谈谈你的收获。

理论指导

论"学习之道"

　　学习一定要讲求方法，也就是说学要有道。《道德经》中说："道生一，一生二，二生三，三生万物。"万物的根源是道。有道，万物就有层

次、有规律可循。学习也一样，掌握了规律，学起来也就容易得多，有趣得多。

学习是一个人不断完善自我的过程，而学习的重要方式之一就是读书。要让阅读成为一种习惯，与我们的生命相融。宋人黄庭坚说："三日不读书，便觉面目可憎，语言无味。"

我们既要读有字之书，也要读无字之书。《红楼梦》中有这样一副对联："事事洞明皆学问，人情练达即文章。"有字的是书籍，无字的是实践。解读无字书，不是具体地"读"，而是体验、感悟、总结。因为无字书的内容是十分广博、深奥的，只有在平时多留心、勤观察、善发问、广积累，才会有助于我们去深入了解社会和生活，丰富阅历，增长才干。同时也要思考社会现实，留心生活事理，这才是做学问和处世的最高境界。

俗话说，活到老学到老，人的一生都在无止境的学习当中。我们应该有耐心和毅力，更要勤奋惜时，古人说闻鸡起舞，天道酬勤，机遇只会垂青那些有准备的人。在学习中，我们要学会虚心求教，圣人尚且如此，何况我们呢？

《道德经》中说："天下万物生于有，有生于无。"就是强调无形比有形重要。这其中隐藏着学习的另一番境界：心悟。世上的知识无穷无尽，凭一己之力，终其一生也不能学完。如果一味追求对书本的阅读量，以为这样学识就能比别人渊博，那就大错特错了。学习如果能够做到"重在心悟"，也就能做到举一反三、触类旁通、以小见大、以有形见无形，就会事半功倍。

楷 智智智智智智智智智智

热身阅读

阅读下面的文章，回答问题：

读不完的大书

朱维之是我国学贯中西的著名学者，他一生从教六十馀年，著作等身，桃李满天下，在中国教育界、海内外学术界享有崇高声誉。

朱维之小时候从书本中学习到很多知识，更在观察大自然的过程中领悟到了很多奥秘。二十世纪初，儿童的玩具并不像现在这样花样杂出，种类繁多，但儿时的朱维之却从大自然中找到了许多有趣的玩具。蔚蓝的天空、宽广的大地、蜿蜒的河流、茂盛而美丽的花草树木，还有天空中的浮云和各种飞鸟，甚至是地上的飞禽走兽、昆虫游鱼等等，有说不尽、看不完的各种有趣的事物，而且这些事物又总能引起孩子们无边的遐想。蹦蹦跳跳的小麻雀，快乐活泼。盘旋在空中的老鹰，时而展翅翱翔，时而俯冲猛扑，像在捕捉猎物。花草树木的生长、开花、结子，寒暑往来，荣枯循环，也充满趣味。草的叶子是不一样的，或长或短，或宽或窄，有的还带刺。盛开的花朵颜色也不相同，红的、黄的、紫的、蓝的……此外，昆虫们的集体行动也颇为有趣，单单就蚂蚁搬家而言，长长的队伍，井井有条的阵营，蚂蚁们个个竭尽全力，把货物一点点地全部运走。当蚂蚁们两军对垒之时，更是有趣：整齐的队伍，勇敢的精神，令人佩服，而它们的团结性与严格的纪律也让人感叹。神奇的大自然中有这么丰富的知识，是我们学习的宝藏。

朱维之在《读不完的大书》这篇文章中告诉我们："大自然是一部看不完的大画册，读不完的大书，里面有无穷的奥秘，有极大的学问，有欣赏不完的乐趣。"面对如此神奇有趣的大自然，赶快去和朱维之爷爷一起到那部"读不完的大书"里体验一下吧！

　　上文通过朱维之的经历和作品，向我们讲述了向大自然学习的重要性，这对身处人工环境日益增多的现实社会中的人们来说，有什么重要意义？

思考讨论

1.如何面向社会"读无字之书"？谈谈你的想法。

2.如果阅读时看到重要的知识材料，你将如何对待？

3.小伟有个坏习惯，在家里一边写作业一边看电视，你会怎样劝他？请你讲几个名人专心学习的故事。

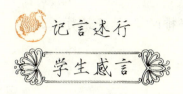
记言述行

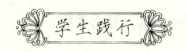
学生感言

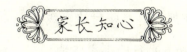
学生践行

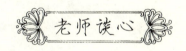
家长知心

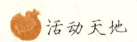
老师谈心

活动天地

学习方法与经验交流会

活动目标：

此次活动旨在通过学习经验的交流,使同学们掌握更多更有效的学习方法,并从中找到最适合自己的方法,从而更有效地安排时间,更好地处理课内与课外的关系,提高学习效率,取得更好的成绩。

活动过程:

在班中选择十名学习成绩好的同学,让他们各自思考并总结两条有效的学习方法,在班上组织一场"学习方法与经验交流会",让这些同学发言,并在班中展开讨论。

活动总结:

请同学们说说自己在活动中得到的学习经验,并把这些经验付诸实践。一个月后,再来谈谈自己的实践效果并加以评价,同时对其进行改进或坚持。

总 结

玉	不	琢		不	成	器
人	不	学		不	知	义
仁	智	勇		三	达	德
明	人	伦		通	事	理

　　玉石不雕琢，就不会成为有用的器物。人不学习，就不知道义理。仁、智、勇，是三种通行的道德。彰显人伦，通晓事理。

君	子	学		就	正	道
正	人	心		息	邪	说
君	子	才		德	为	帅
小	人	才		流	为	害

　　君子之学，走向正道，端正人心，消除邪说。君子的才华，以道德为统帅；小人的才华，则会流为祸害。

是	非	心		智	之	端
知	人	智		自	知	明
爱	非	道		适	害	人
恶	非	理		适	害	己

　　是非之心，是智的开端。了解别人就是智，认识自己就是明。爱一个人，如果不以符合正道的方式去爱，就会害他人；厌恶一个人，如果不以符合义理的方式去厌恶，就会害自己。

名	不	正		言	不	顺
言	不	顺		事	不	成
知	及	之		仁	守	之
庄	莅	之		礼	成	之

　　名义上不正当，言语就会不顺畅。如果言语不顺畅，事情就难以办成。从道理上认识到了，还要用仁德之心加以守护，用庄敬的态度来对待，并通过适当的礼仪来完成。

博	学	之		审	问	之
慎	思	之		明	辨	之
知	与	行		常	相	须
行	之	笃		知	之	明

　　广泛学习，详细提问，谨慎思考，明辨是非。知识与践行，常常是相互依赖的。践行越真实，见识就越明白。

不	力	行		但	学	文
长	浮	华		成	何	人
但	力	行		不	学	文
任	己	见		昧	理	真

　　如果不力行，只学习文化知识，只是增长自己浮华不实的习气，会成为什么样的人？如果只强调力行，不学习文化，固执于自己的见解，就会使真理得不到彰显。

念	发	处		即	是	行
动	念	正		行	乃	正
知	奉	养		致	奉	养
知	与	行		合	为	一

  心念发动，就是行动。发动的念头是正的，行为才是善的。知道如何奉养长辈，就要采取奉养长辈的行动。人伦之知与道德践行，应当合而为一。

心	外	求		物	之	理
心	内	求		人	之	伦
萌	良	知		于	人	事
人	事	中		现	天	理

  在心灵之外，去探寻客观对象的道理；在心灵之内，去求取伦理道德。良知萌发，运用于人事之中，那么，人事中就能显现天理。

经	所	以	载	道	也
使	先	知	觉	后	知
行	不	知	是	冥	行
知	不	行	是	虚	知

　　经典，是用来承载正道的，应当让先知先觉去教化后知后觉。践行但没有相应的智慧，就是昏暗的践行。知晓人伦之道，却不去践行，就是空洞的智慧。

圣	人	教	因	其	材
定	志	向	博	且	专
见	小	利	业	难	成
如	欲	速	则	不	达

　　圣人的教诲，各因其材。有确定的志向，知识广博但方向专一。只看见小的利益，则大的事业就难以成就。如果只求快速，则往往不能成功。

书	字	无		读	品	详
学	好	敏		之	习	时
味	同	口		理	同	心
见	创	无		浮	虚	则

　　社会与人生，就像一部没有字的书，应当详细品读。行动敏捷，爱好学习，时时践行。人们的口，有相同的味觉；人们的心中，有相同的伦理。没有独特见解，文章就虚浮。

道	师	尊		能	贤	敬
章	辞	籍		理	义	通
学	不	思		进	长	难
思	不	学		乱	且	迷

　　尊师重道，尊敬有德有才的人。借助文章的句子，通晓义理。思考而不学习，很难有长进；学习而不思考，则会迷茫而且混乱。

读	书	法		有	三	到
心	眼	口		信	皆	要
方	读	此		勿	慕	彼
此	未	终		彼	勿	起

　　读书方法要注重三到：心到、眼到、口到，三者缺一不可。不能这本书才开始读，又想着要看其他的书。这本书没有读完，另一本书就不要去读。

宽	为	限		紧	用	功
工	夫	到		滞	塞	通
心	有	疑		随	札	记
就	人	问		求	确	义

　　在制订读书计划的时候，宽松一些；实际执行时，就要加紧用功。日积月累，功夫深了，原先有困顿疑惑之处，自然而然都迎刃而解了。心里有疑问，应随时用笔记记下来，一有机会就向人请教，务必确实明白它的真义。

学习中有疑问，就会有进步。两种不同的观点进行辩论，是非才会明了。被局部的现象所蒙蔽，就不会明白道理。当局者迷，旁观者清。

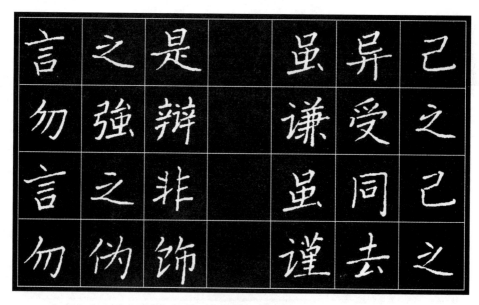

别人说的话是正确的，即使与自己的观点不同，也不要强行狡辩，而应当谦虚地接受；别人说的话是错误的，即便与自己的观点一致，也不要为之掩饰，而要谨慎地去掉。

人	有	心		各	有	见
毋	我	固		毋	臆	必
重	一	物		惑	一	物
差	毫	厘		谬	千	里

　　每人都有自己的头脑，各有自己的见解，不自以为是，不固执己见，不凭空臆测，不绝对肯定。如果看重一物，就会被一物所迷惑；极小的误差，就会造成极大的错误。

论	有	据		名	有	实
立	新	论		须	参	验
入	于	心		见	于	行
纸	上	作		身	上	过

　　立论要有依据，有其名必须有其实。建立新的理论，必须经过实践的检验。所学的人伦之理要进入心中，并见之于行动。在纸上写的，应当自己亲身践行。

兴	礼	乐		传	正	道
多	贤	友		三	益	乐
乐	骄	奢		乐	游	玩
乐	宴	饮		三	损	乐

　　弘扬礼仪和雅乐，传播正道，有许多贤德的朋友，这就是三种有益的快乐。骄奢淫逸中的快乐，游玩中的快乐，宴会餐饮中的快乐，是三种有害的快乐。

尊	德	性		广	见	闻
公	则	明		偏	则	昏
私	情	行		公	法	毁
偏	信	暗		兼	听	明

　　尊崇道德，见闻广博。公正产生光明，偏私产生昏暗。徇私情，公正的法律就遭到破坏。只相信一方面的意见，就会糊涂昏暗；听取多方意见，就会清醒明白。

逆	势	衰		顺	势	昌
顺	天	存		逆	天	亡
天	降	灾		犹	可	违
自	作	孽		祸	难	避

　　背离形势就会衰落，顺应形势就会昌盛；顺应天道就能生存、违背天道就走向灭亡。上天降下灾难，仍然可以抗拒；自己造了孽，灾难就不可避免。

意	专	一		听	以	耳
悟	以	心		感	以	气
官	知	止		神	欲	行
书	画	妙		以	神	会

　　意志专一，不仅要用耳朵去听，而且要用心去体会，还要用气去感应。感官知觉停止，精神展开活动。书画的美妙之处，应当用自己的精神去领会。

言语词句的丰富，有的人是用来掩饰其虚伪的本性。名与利的关卡，必须能够穿越而过。除去心中的浸染，则内心端正；内心端正，就达到清静；内心清静，就达到明觉。

万物发展到了极点，必定会向相反的方向转化。事物永远处于变化之中，我们要与时俱进。委屈反而可以保全，弯曲反而可以伸直，低洼反而可以盈满，破旧则可以更新。

人	之	初		性	本	善
性	相	近		习	相	远
苟	不	教		性	乃	迁
教	之	道		贵	以	专

　　人在年幼之时，本性是善良的。人的本性本来是很相近的，但是，环境的熏习使人的性情差别越来越大。如果不进行教化，则人的本性就会改变。教化的根本法则，贵在精专。

养	不	教		滞	于	愚
爱	不	诲		陷	于	恶
严	则	忌		不	敢	肆
宽	则	纵		长	恣	情

　　抚养孩子而不进行教导，就会使之陷入愚昧之中；爱护孩子而不加以教诲，就会使之陷入邪恶之中。严加管教，使孩子有所顾忌，就不会放肆。过于宽厚，则会使人放纵，助长了恣意妄为的情怀。

教	以	义		导	其	性
蒙	以	正		绝	其	邪
学	有	阶		循	序	进
积	细	微		大	有	成

　　用义理来教导，引导他的性情，以正道来滋养他人的心灵，使之断绝邪恶之念。学习要有阶段性，循序渐进，积累细微的点点滴滴，必将有大的成就。

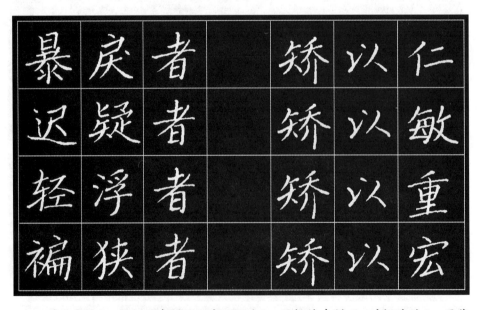

暴	戾	者		矫	以	仁
迟	疑	者		矫	以	敏
轻	浮	者		矫	以	重
褊	狭	者		矫	以	宏

　　对暴戾的人，用仁道来矫正；对迟疑的人，用敏捷来矫正；对轻浮的人，用稳重来矫正；对狭隘的人，用宽宏来矫正。

逆	吾	者		是	吾	师
谏	吾	者		是	吾	贼
面	有	垢		日	日	洗
心	有	秽		时	时	净

　　不顺从我的人，是我的老师；对我阿谀奉承的人，是害我的人。脸上有污垢，需要天天清洗；心中有污秽，需要时时清除。

能	亲	仁		无	限	好
德	日	进		过	日	少
不	亲	仁		无	限	害
小	人	进		百	事	坏

　　能够亲近有仁德的人，真是再好不过了，因为他会使我们的德行一天比一天进步，过错也会一天比一天减少。不肯亲近有仁德的人，就会有无穷的祸害，小人会乘虚而入，导致事事失败。

三	人	行		有	我	师
取	人	长		补	己	短
长	其	善		救	其	失
身	藏	器		待	时	动

三人在一起，当中就有我的老师。取别人的长处，来弥补自己的短处。滋长善良，挽救有过失的人。身上具有才能，等待时机，采取行动。

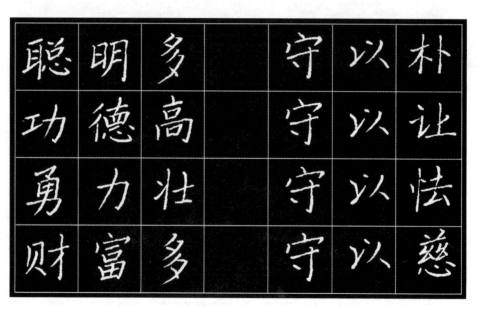

聪	明	多		守	以	朴
功	德	高		守	以	让
勇	力	壮		守	以	怯
财	富	多		守	以	慈

自己的聪明才智多，要以纯朴加以守护；自己的功德高，要以谦让来守护；自己的力气壮，要以胆怯来守护；自己的财富多，要以慈善来守护。

学	离	事		乃	空	泛
理	离	身		即	虚	玄
与	天	地		合	其	德
与	四	时		合	其	序

　　学问离开事物，就是空洞的学问。人伦之理离开身体，即成为虚妄。德行与天地好生之德相合，行为与四时的变化相符合。

非	益	书		屏	勿	视
蔽	聪	明		坏	心	志
勿	自	暴		勿	自	弃
圣	与	贤		勤	修	致

　　对于无益身心健康的不良书刊，应该避而不看。因为书里的内容，会蒙蔽人们的智慧，败坏人们的心志。不要自暴自弃，圣贤境界虽高，通过勤奋修习，也是可以达到的。

　　　　　　　　　　　　　　　（选自陈杰思编著《君子规》，陈平书法创作）

131

中华书局经典教育图书目录

书名	作者	定价
字频千字文 (全二册)	董兆杰 著	80.00元/套
说文论字——字频识字教学手册 (附教学光盘)	董兆杰 著	50.00元/套 (估)
中华诵·经典素读教程 (全十二册, 附教学光盘)	陈琴 主编	300.00元/套 (估)
中华诵·经典义理教程 (全十册)	陈杰思 毛勇 编著	190.00元/套
中华童蒙诵读本	"中华诵·经典诵读行" 读本系列编委会 编著	35.00元/本
论语诵读本		19.00元/本
大学·中庸诵读本		15.00元/本
孟子诵读本		26.00元/本
诗经诵读本		29.00元/本
周易诵读本		26.00元/本 (估)
左传诵读本		35.00元/本 (估)
尚书诵读本		20.00元/本 (估)
礼记诵读本		26.00元/本 (估)
道德经诵读本		19.00元/本 (估)
庄子诵读本		26.00元/本 (估)
经读典记 (上下册, 豪华精装)	子愚 主编	198.00元/套
经读典记 (上下册, 普通精装)		98.00元/套
亲近经典 感悟成长 (1–3年级)	教育部语言文字 应用管理司 编	25.00元/本
相约经典 感悟成长 (4–6年级)		25.00元/本
对话经典 感悟成长 (7–9年级)		25.00元/本
经典教育让生命有根	王登峰 陶继新 著	26.00元/本
《弟子规》到底说什么	郭文斌 著	26.00元/本
让幸福与经典同行: 儒释道与中国人的心灵智慧	空海 陶继新 著	26.00元/本
笔墨书心: 第二届全国大中小学生规范汉字书写大赛优秀获奖作品暨书法家祝贺作品集 (附光盘)	教育部语言文字 应用管理司 编	80.00元/本
且行且吟: 2010中华诵·经典诵读大赛暨历届中华诵经典·诵读大赛回顾 (附光盘)		80.00元/本
雅集华章: 中华诵·经典夏令营及节日晚会活动作品集 (附光盘)		80.00元/本
中华诵·经典教育资料三编 (图书)	中华书局经典教育 推广中心 编	90.00元/本
中华诵·经典教育六十讲 (光盘)		180.00元/套
道德经诵读本 (附光盘)	开泰 主编	20.00元/本
道德经图文本		35.00元/本
道德经解读本		29.80元/本

中华书局经典教育推广中心（北京阳光润智文化传播有限责任公司）
图书征订联系热线：010-6328 1792   邮箱：bjygrz@126.com
地址：北京市丰台区太平桥西里 38 号（邮编：100073）

户名：北京阳光润智文化传播有限责任公司
账号：110 628 010 400 10809   开户行：中国农业银行北京六里桥支行

_____

华典读书俱乐部

经过一段时间的积累和准备，华典读书俱乐部成立了。俱乐部面向全国发展会员，只要填好入会申请表并以电子邮件或信件的方式反馈给我们，那么恭喜您，您已经成为我们俱乐部的一员了。

成为俱乐部成员，您会：

➤ 第一时间得到俱乐部的最新图书信息；
➤ 拥有幸运会员编号者，将得到俱乐部送出的不同形式的礼品一份；
➤ 得到为您提供所需要的稀缺书籍信息和发售渠道；
➤ 享受俱乐部举办的各类特价优惠活动；
➤ 参加俱乐部的各类培训，享有优先、优惠；
➤ 凡是俱乐部出版的书籍，购买享受内部价格；

俱乐部的网址：www.zhygrz.com
俱乐部的邮箱：bjygrz@126.com
俱乐部的地址：北京市丰台区太平桥西里 38 号（邮编：100073）
咨询邮购热线：010-6328 1792；6326 7862；6328 9236
联系人：阳光老师

请认真填写入会申请表中的每一项资料，以便俱乐部把有价值的图书信息资料和教育培训资源及时准确无误地传达给各位。

入会申请表

基本资料

姓名：＿＿＿＿＿＿＿＿   性别：□男　□女   生日：＿＿＿年＿月＿日
学历：＿＿＿＿＿＿＿＿   职业：＿＿＿＿＿＿＿＿

年平均购数量

□ 5 本以下   □ 5—10 本   □ 10—20 本   □ 20—30 本   □ 30—40 本   □ 40 本以上

联系方式

固定电话：＿＿＿＿＿＿＿＿＿＿＿＿＿   移动电话：＿＿＿＿＿＿＿＿＿＿＿＿＿
通信地址：＿＿＿＿＿＿＿＿＿＿＿＿＿＿＿＿   邮政编码：＿＿＿＿＿＿＿＿＿＿＿＿＿
电子邮件：＿＿＿＿＿＿＿＿＿＿   QQ：＿＿＿＿＿＿＿＿＿＿   MSN：＿＿＿＿＿＿＿＿＿＿